W0051650

DON BOSCO
VERLAG

Für Rudi

Marielle Seitz

Urformen – Quellen der Phantasie

Einführung und Anregungen für die pädagogische Praxis

Don Bosco

Die Deutsche Bibliothek – CIP–Einheitsaufnahme

Seitz, Marielle :
Urformen – Quellen der Phantasie : Einführung und Anregungen
für die pädagogische Praxis / Marielle Seitz.
[Fotos: Christa Pilger-Feiler; Rudolf Seitz. Zeichn.: Rudolf Seitz]. –
1. Aufl. – München : Don Bosco, 1997
  ISBN 3-7698-1052-X

1. Auflage 1997 / ISBN 3-7698-1052-X
© 1997 Don Bosco Verlag, München
Umschlag: Felix Weinold, unter Verwendung eines Fotos von Rudolf Seitz
Fotos: Christa Pilger-Feiler, Rudolf Seitz
Zeichnungen: Rudolf Seitz
Gesamtherstellung: Salesianer Druck, Ensdorf

Gedruckt auf chlorfrei gebleichtem, umweltfreundlichem Papier.

Inhalt

Vorwort

Von Albrecht Dürer wird folgende Anekdote berichtet: Ein Wettbewerb war ausgeschrieben – der beste Maler wurde gesucht. Einer der teilnehmenden Künstler – Albrecht Dürer – bekam den ersten Preis und damit den Auftrag. Er hatte folgende Zeichnung abgegeben: Er zeichnete mit freier Hand einen Kreis und in dessen Mitte einen Punkt und sagte dann: „Messt nach!" Er hatte genau den Mittelpunkt gefunden. Mit einem Zirkel ließ sich sein Kreis exakt nachziehen.

Während meiner Schulzeit bekamen wir diese kleine Geschichte von unserer Lehrerin erzählt. Ich kann mich noch gut an diese Stunde erinnern. Ich war fasziniert, dass dieser große Künstler mit dieser elementaren Form alle anderen Konkurrenten übertraf. Später begeisterte mich die Gestaltungskraft, die in den Zeichnungen kleiner Kinder liegt. Kinder sind in ihrer Bildsprache uns Erwachsenen überlegen. Spontan, konzentriert, ausgelassen und ernst füllen sie die Blätter mit ihren Bildern. Und diese Bilder setzen sich aus geometrischen Formen zusammen: Kreis, Kreuz, Quadrat, Rechteck, Oval, Dreieck, Stern, Spirale … Es sind abstrakte Formen, welche von den Kindern jedoch nicht als geometrische Formen empfunden, verstanden, benutzt werden, sondern als Wesensbilder für Mensch, Sonne, Haus, Ich, Du …

Das Faszinierende und Beeindruckende an den Zeichnungen kleiner Kinder sind nicht nur die Spontaneität des Ausdrucks, die originellen Lösungen, die Unbekümmertheit, sondern auch die „Ordnungsstrukturen", die erkennbar sind. Eine Gesetzmäßigkeit ist abzulesen – bei allem individuellen Ausdruck. Dabei ist diese Bildsprache der Kinder international. Alle Kinder der Welt zeichnen in dieser Formensprache.

Oft erinnern uns diese Bilder und Zeichen an Mandalas: das Kreuz im Kreis, das Rad, die Sonne, Blüten, Sterne … Diese Bilder haben eine erstaunliche Kraft: Sie führen uns zur Mitte.

Warum zeichnen alle Kinder der Welt in dieser Formensprache? Es gibt verschiedene Theorien. Eine Erklärung ist, dass wir über angeborene, endogene Bildmuster verfügen. Dies würde erklären, warum es solch erstaunliche Übereinstimmungen gibt. Alle Kinder durchlaufen beim Zeichnen verschiedene Entwicklungsstufen. Altersangaben kann man hier nur ungefähr machen, die Abfolge der Entwicklungsstufen ist allerdings immer gleich. Diese Formensprache, ausgehend von dem Urformenpaar „Urkreis und Urkreuz", erweitert sich allmählich. Mit zunehmender zeichnerischer Sicherheit differenzieren die Kinder ihre Formen. Diese Formen finden wir in der gesamten Kulturgeschichte der Menschen. Wahrscheinlich reagieren die Kinder auf Wahrnehmungen von außen mit dem sogenannten endogenen Formenkanon (vgl. Eichmeier/Höfer, Endogene Bildmuster).

Wieviel Anregungen brauchen Kinder, um ihre Bildsprache, ihr Ausdrucksvermögen zu entwickeln? Wenn Kinder zeichnen und malen, zeigt sich ein „Urtrieb", der sich Ausdruck verschaffen will. Die Kinder entwickeln aus sich heraus ihre Formbilder. Jedoch kann und soll dies immer „Nahrung" von außen bekommen. Kinder greifen spontan und begeistert Anregungen auf, das Wahrgenommene trifft mit dem inneren Bild zusammen und verdichtet sich. Wir schauen nicht nur nach außen, sondern auch nach innen. Dabei ist die Welt – sind wir – natürlich nicht vollkommen. Auch Kinder erleben das. Wir tragen jedoch nicht nur die inneren Bilder in uns, sondern Bilder, Erlebnisse, Menschen, Dinge, die uns begegnen, verändern uns. So geht es auch Kindern. Alle Eindrücke und Bilder können heilen, ermutigen, neugierig machen, erfreuen – aber auch ängstigen, deprimieren, verunsichern, entmutigen, zerstören. Es ist also nicht egal, welche Anregungen wir den Kindern im bildnerischen Gestalten geben. Es sollen möglichst „sinn-volle" Anregungen sein. Von diesen Anregungen handelt dieses Buch.
Kinder drohen in einer zusammenhanglosen Welt haltlos zu werden, sie geraten förmlich

außer sich. Eine Welt, die wir als chaotisches Gebilde erfahren, verkraften weder wir noch die Kinder. Kinder erleben die Welt noch nicht mit Hilfe eines wissenschaftlichen Modells. Sie erleben die Welt über die Sinne, sie erleben sie anschaulich. Symbolhaft drücken sie diese Welt in ihren Gestaltungen aus.
Kinder brauchen positive Anregungen. Sie haben auch das Bedürfnis, Zusammenhänge zu erfahren. Beobachtungen an Blüten, Blättern, Steinen, dem Lauf des Wassers und vielen mehr lassen Gesetzmäßigkeiten erleben und lassen Kinder staunen. Es ist eindrucksvoll, mit welcher Kraft die Kinder dies in ihre Bilderwelt umsetzen.
Dabei sind dies nicht nur „Themen" für Kinder. Auch wir Erwachsene spüren die Kraft der Urformen und Zeichen. Im Mandala-Malen und ähnlichen Bild- und Gestaltungsthemen erleben wir den heilenden Prozess. Es sind Sinnbilder für uns und Hilfen zur Meditation. Und es macht den Kindern und uns Spaß, die Urformen in der Natur zu entdecken und sie in unsere kreativen Ausdrucksmittel zu übertragen.

Alle Vorschläge wurden von den Kindern des Ateliers Rembrandt Vier mit viel Phantasie und Begeisterung ausprobiert. Dafür möchte ich den teilnehmenden Kindern sehr herzlich danken. Die Arbeit im Kinderatelier war der „rote Faden" für das Thema dieses Buches. Viele Impulse hat mir unsere Tochter Franziska mit ihren Bildern und plastischen Arbeiten gegeben.

Danken möchte ich auch meinem Mann Rudolf Seitz, der sich seit vielen Jahren mit der Bildsprache der Kinder beschäftigt. Von ihm konnte ich sehr viel lernen. Außerdem hat er die vielen Zeichnungen und Skizzen für den praktischen Teil dieses Buches gemacht; die Darstellungen der verschiedenen Felsmalereien in Teil I (S. 20 ff.) stammen aus seinen Skizzenbüchern. Die Fotos sind ebenfalls von ihm – und von Frau Christa Pilger-Feiler, die sich mit viel Einsatz darum bemüht hat, die passenden Motive im Bild festzuhalten. Ihnen beiden danke ich dafür. Das wunderbare Mandala (S. 103) ist von Carolin Kreusch. Sie hat es mit siebzehn Jahren gemalt und es gibt noch unzählige ebenso schöne Bilder von ihr. Auch dem Verlag (oder besser gesagt: seinen Mitarbeitern) möchte ich für die überaus erfreuliche Zusammenarbeit danken.

Marielle Seitz

Teil I
Über die Sprache der Formen

1. Die Urformensprache in der Bilderwelt der Kinder

Täglich produzieren unsere Kinder Zeichnungen. Man kann annehmen, dass das schon immer der Fall war. Und doch wurden diese Zeugnisse des kindlichen Ausdrucks meist übersehen. 1885 hat sich der Engländer Ebenezer Cooke vermutlich als Erster intensiv mit Kinderzeichnungen beschäftigt. Erst seit dem ausgehenden 19. Jahrhundert wird die Bildsprache der Kinder genauer erforscht.

So lange dauerte es, bis man bemerkte, dass die Kinder ihre Zeichnungen nicht „irgendwie" anfertigen, sondern dass ihre Zeichensprache sich nach „Regeln" entwickelt, die international sind. Alle Kinder auf dieser Welt, unabhängig von Nationalität und Hautfarbe, zeichnen auf ähnliche Art und Weise. Wie das Erlernen der Sprache aller Kinder auf der ganzen Welt sich über die gleichen Vorstufen (lallen, plappern …) bis zu der spezifischen Muttersprache entwickelt und es beobachtbare motorische Muster (robben, krabbeln, sich hochziehen …) bis zum Laufen gibt, so gibt es auch eine Bildsprache der Kinder, die typische Eigenheiten und Gemeinsamkeiten aufweist.

Der erste kindliche Ausdruck ist motorisch; zuerst strampelnd, undifferenziert und unkoordiniert. Aber schon bald lernt das Kind zu greifen und mit dem Greifen ist das „Begreifen" der Welt verbunden.

Die Entwicklung der Kinder geschieht im Austausch mit der Welt. Alle Sinne werden erprobt. Durch Krähen, Schreien, Plappern, Lachen, erste Laute, Silben und Worte teilt sich das Kind mit, absorbiert die Sprache seiner Umgebung, erprobt und übt sie über die Vorstufen und lernt dabei die Muttersprache. Ungefähr zur gleichen Zeit, wie sich die Sprache der Kinder entwickelt, ist das Kind auch motorisch so weit entwickelt, dass es einen Stift greifen, halten und führen kann.

Mit dem Kritzeln geht's immer los! Im Idealfall ist das ein Stift auf einem großen Blatt Papier, es können aber auch die Finger im Teller mit dem Breirest, im Sand oder in der Erde sein, ein Steinbrocken auf dem Asphalt oder eine Kreide auf der Tapete.

Die Bewegung kommt aus dem ganzen Arm heraus, ist anfangs noch undifferenziert und geht auch über die Begrenzung des Blattrandes hinaus. Deshalb sollen die Blätter, die man kleineren Kindern zum Zeichnen gibt, möglichst große Formate haben und auch die Stifte sollen dick und gut zu greifen sein. Der Ausdruck „Narrenhände beschmieren Tisch und Wände" ist hier jedoch falsch. Das Kritzeln ist die Grundlage der Zeichensprache der Kinder. Die Kinder erproben das Material und die Bewegungskoordination von Arm und Hand. Ihre Feinmotorik entwickelt sich. Es sind also sinnvolle Vorstufen, die jedoch keinesfalls „Pflichtübungen" für die Kinder sind. Im Gegenteil! Das Kritzeln ist mit einem großen Lustgewinn verbunden. Die Kinder juchzen, freuen sich und haben Spaß am Sichtbarwerden ihrer Bewegungsspuren.

Rudolf Seitz erklärt das mit einem „Urtrieb, der hier sichtbar wird, einem Bedürfnis, sich nicht nur in Worten, sondern auch in Bildern auszudrücken" (in: Zeichnen und Malen mit Kindern, S. 9).

Karl Bühler schreibt von einer „Funktionslust", wenn das Kind feststellt, dass es mit einem Stift Spuren hinterlassen kann. Wolfgang Grözinger verwendet für das Kritzeln der Kinder den bildhaften Begriff der „Milchzähne" – diese „Milchzähne" zu pflegen, kommt auch den „zweiten Zähnen" zugute. Bettina Egger vergleicht das Kritzeln in seiner Bedeutung für die Mal- und Zeichenentwicklung mit dem kindlichen Lallen als notwendige Vorstufe der Sprachentwicklung.

Obwohl jedes Kind über seine ganz eigene Individualität verfügt und diese auch mit seiner Persönlichkeit ausdrückt, lassen sich bestimmte Entwicklungsstufen des bildnerischen Gestaltens, die für die meisten Kinder gelten, erkennen. Die Kinder entwickeln in verschiedenen Entwicklungsphasen bestimmte Bildmuster. Dabei kann durchaus einmal vom Kind eine Phase übersprungen werden, oder es fällt aufgrund von bestimmten Einflüssen in eine frühere Entwicklungsphase zurück. Es gibt Plateaubildungen, also das relativ lange Verharren auf einer bestimmten Entwicklungsstufe, und Entwicklungssprünge.

Wir können mit einiger Schulung, Kenntnis und Sensibilität den geistigen Reifungsprozess der Kinder in ihren Zeichnungen ablesen. Die ersten Zeichnungen haben mehr taktil-motorischen Charakter. Arm, Hand und Stift kreisen, hüpfen, schwingen, kratzen und tasten über das Papier. Allmählich sind durch die verbesserte Motorik bestimmte Kritzelformen erkennbar. Das Kind hat die Bewegungen der Hand zunehmend unter Kontrolle; Auge und Hand wirken zusammen.

Aus den zufälligen Bewegungsspuren des „Urknäuels" werden gerichtete Bewegungsspuren wie Striche, gerade Linien, Zick-Zack. Das „Trotzalter" zeigt sich auch graphologisch. Die geraden Linien sind Willensspuren. Jetzt treten gehäuft kreuzähnliche Formen auf. Im „Urkreuz" (Grözinger) zeichnet das Kind die Senkrechte und Waagrechte. Vielleicht können wir an den Zeichnungen des Urkreuzes auch erste Balancierversuche ablesen? Vielleicht sind es Kraftströme, die wirksam werden, wenn das Kind sich zum ersten Mal an Möbelstücken oder der Hand eines Erwachsenen hochzieht, dann frei steht und übt, die Balance zu halten?

Das aufrechte Gehen und Stehen zeichnet den Menschen aus. Kreuzformen können auch Versuche der Orientierung im Raum darstellen. Senkrecht und waagrecht stehen für oben und unten, rechts und links. Dies ist die Struktur der Umwelt.

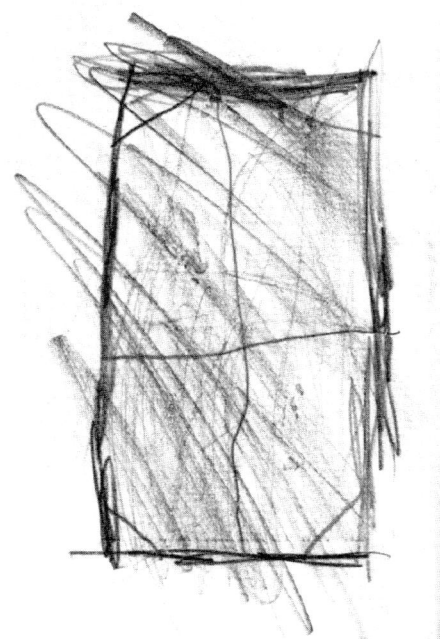

In diesem Zusammenhang möchte ich erwähnen, dass man Affen (auch Katzen) zeichnen und malen ließ. Man hat erstaunliche Bilder bekommen, die auf Auktionen relativ hohe Preise erzielt haben. Auch Bildbände („Wenn Katzen malen") sind entstanden. Bei aller Originalität fehlt diesen Bildern eines: Die Affen waren nie in der Lage, eigene Zeichen zu bilden. Alle Bilder entsprachen der Kritzelstufe. Den entscheidenden Schritt, konkrete Formen zu entwickeln, haben sie nie getan. Natürlich haben sie ihre Bilder auch nie benannt.

Kleine Kinder begleiten das Zeichnen oft sprachlich. Sie „erzählen" beim Malen. Beim Darstellen von Fahrzeugen ahmen sie die Geräusche des Fahrens (Hupen, Bremsenquietschen usw.) nach. Und eines Tages benennt das Kind seine Zeichnung. Es deutet auf das gekritzelte Bild, das sich von den vorhergehenden kaum unterscheidet und sagt: „Das ist Papa"! Was gerade noch der Papa war, kann im nächsten Augenblick aber auch die Mama sein. Beim „sinnunterlegten Kritzeln" ist also zunächst die Benennung noch willkürlich. Erst später bleibt das Kind bei seinem Bildthema.

In den Bildern der Kinder tauchen nun neben der geraden Linie auch kreisähnliche Formen auf. Dies fällt den Kindern anfangs sehr schwer. Es sind mehr „kartoffel- oder sackartige" Gebilde. Man spürt jedoch das Bemühen der Kinder, geschlossene Formen zu zeichnen. Das Kind zeichnet, meist sehr konzentriert, eine Linie, um mit dem Stift wieder an den Ausgangspunkt zurückzukehren. Es ist eine Art Kreis entstanden – der „Urkreis".

Es ist jedoch kein Kreis im geometrischen Sinn. Das Kind zeichnet mehr eine runde, geschlossene Form. Es meint den Kreis nicht als Linie, sondern als Inhalt, als Gestalt. Das Kind trennt mit dieser geschlossenen Form innen und außen. Namen wie Mama, Papa, Sonne, Rad oder „Ich" werden diesen runden Formen gegeben. Der Kreis ist zur Wesensgestalt für etwas Gemeintes geworden, und dieses Gemeinte ist meist der Mensch.

Das Bild des Menschen bleibt das zentrale Thema in der Kinderzeichnung. Andere beliebte Themen der ersten Jahre sind Haus, Baum, Blumen, Tiere. Sie sind jedoch lediglich Modifikationen des Themas Mensch.

Es ist eine faszinierende Tatsache: Die ersten konkreten Formen, die das Kind nach der Kritzelstufe zeichnet, sind auf der ganzen Welt die gleichen.

Am Anfang stehen Urkreis und Urkreuz, das polare Urformenpaar. Dies geschieht in der Regel um das dritte Lebensjahr herum. Mit aller Konzentration und motorischen Ge-

schicklichkeit, zu der das Kind fähig ist, versucht es konkrete Formen zu zeichnen.

Manchmal sieht man in den Zeichnungen beide Grundformen, Kreis und Kreuz zu einer Einheit verschmolzen. Sie werden ineinander und übereinander gezeichnet. Die vielfältigsten Variationen tauchen auf. Wir kennen dieses Zeichen als uraltes Symbol für „Mensch im Kosmos". Es ist ein Kreis, dessen Mittelpunkt durch einen Punkt oder ein Kreuz festgelegt ist. Es zeigt die Lebenssituation des Kindes etwa im dritten Lebensjahr. Innen und außen symbolisieren Ich und Du. Die erste Lebenszeit empfindet das Kind noch symbiotisch. Es ist eins mit der Mutter, eins mit der Welt. Die Psychologin Margret Mahler nimmt an, dass die biologische und psychische Geburt des Menschen zwei verschiedene Erlebnisse sind. Das erste ist ein biologisches, beobachtbares und konkretes Ereignis, das zweite ein sich langsam vollziehender intrapsychischer Prozess. Es ist ein Prozess der Loslösung und Individuation.

Dieser Prozess erfolgt schrittweise. Das Kind ist allmählich in der Lage, sich als etwas „Eigenes" zu erleben und wahrzunehmen. Helen Bachmann interpretiert Kinderzeichnungen dreijähriger Kinder, die diesen Prozess auf der gestalterischen Ebene ausdrücken, also z. B. die Fähigkeit, einen Kreis zu schließen und einen Mittelpunkt zu setzen, als das Erleben eines ersten globalen Selbstgefühls (in: Malen als Lebensspur, 1993).

Es ist zugleich die Zeit des „Ich-Sagens". Die Tatsache der eigenen Individualität ist dem Kind jetzt bewusst. Das Kind sagt nicht mehr wie vorher: „Franzi möchte Tee", sondern: „Ich möchte Tee". Es ist die Zeit des „Selber-Machens", des schrittweisen Abgrenzens, der Loslösung. Es ist die Zeit des Eintritts in den Kindergarten, in der das Spielen mit Freunden wichtiger wird.

Es ist die Zeit der Kreisspiele, des Schaukelns, der Lieder mit Refrain, der gern wiederholt wird, der Geschichten, die in unzähligen Wiederholungen immer wieder erzählt werden müssen. Die Kinder verlangen nach Rhythmus im Tages- und Wochenablauf. Die innere Uhr stabilisiert das Kind. Es zeigt Freude beim Erleben von wiederkehrenden Ereignissen. Die Jahreszeiten und Feste des Jahreslaufes helfen dem Kind, seine innere Uhr, seinen biologischen Rhythmus aufzubauen. Der Kreis schließt sich.

Auch die geraden Formen differenzieren sich jetzt. Aus dem Kreuz wird der Stern. Zunehmend wird die Symmetrieachse benutzt. Es ist die Zeit des Bauens mit Bausteinen. Aus den Bauklötzen entstehen Türme, Häuser, Burgen, Städte. Das Kind erprobt das Ausbalancieren der Körpermitte beim Balancieren, Rollerfahren, bei Hüpfspielen. All dies ist ein ganzheitlicher Entwicklungs- und Reifeprozess.

Er geht einher mit einer zunehmenden Reifung des Großhirns. Wichtige Knochenverschlüsse am Schädel kommen hinzu. Die offene, kreisrunde Stelle am Köpfchen des Säuglings, Fontanelle genannt, schließt sich endgültig etwa im ersten Lebensjahr des

Kindes. Beim zweieinhalb- bis dreijährigen Kind verschmilzt die Stirnnaht zwischen den beiden Stirnbeinknochen und wird röntgenografisch unsichtbar. Ein einfaches Stirnbein ist entstanden, das innen und außen trennt. Die Zwerchfellatmung des Säuglings wird jetzt überlagert von der Brustkorbatmung oder Rippenatmung. Der Brustkorb des Babys, der rundlich-tonnenförmig ist, flacht sich vorne ab und wird breiter. Die einzelnen Wirbelbögen verschmelzen und verknöchern mit den Wirbelkörpern.

Im zeichnerischen Ausdruck finden diese Prozesse ihren Ausdruck in den Urformen „Urkreis" und „Urkreuz" und auch in den wiederkehrenden Symmetrien. Wolfgang Schad meint dazu, dass das Kind mit den Kräften, mit denen es wächst und leiblich reift, auch kritzelt, zeichnet und malt (in: Michaela Strauss, Von der Zeichensprache des kleinen Kindes, S. 83 ff).

Abhängig vom Alter und Entwicklungsstand des Kindes lassen sich mehrere Entwicklungsphasen in den Kinderzeichnungen erkennen.

Die erste Phase ist die Kritzelstufe (etwa zweites und drittes Lebensjahr). Sie unterliegt noch der relativ ungeordneten und undifferenzierten Motorik des Kindes. Allmählich wird das Kritzeln gesteuerter und konkreter.

Die zweite Phase (etwa viertes bis siebtes Lebensjahr) ist die Phase, in der das Kind mit bewussten Formen gestaltet. Das Kind entwickelt eine Art Bilderschrift. Mit den ersten beiden Zeichen Kreis und Kreuz und deren Variationen kann das Kind schon bald seine Erlebniswelt darstellen. Wobei das Kind nicht das zeichnet, was es sieht, sondern das, was es weiß und was es empfindet. Aus diesem Grund gibt es bei kleinen Kindern keine naturalistischen Zeichnungen. Ihnen vorzuzeichnen wäre schon allein deshalb unsinnig.

Mit zunehmender Reifung, Erfahrung und Entwicklung differenziert sich die Bildsprache der Kinder. Es sind jedoch immer Elementarzeichen. Wenn wir diese Zeichen benennen, fällt uns auf, dass es geometrische Formen sind, in denen die Kinder uns ihre Welt mitteilen. Es sind Kreis, Kreuz, diagonales Kreuz, Dreieck, Quadrat, Rechteck, Oval, Zacken, Bögen, Spiralen, Sterne, Kreuz im Kreis, Stern im Kreis, Sonne. Mit etwa vier Jahren sind Kinder in der Lage, aus geometrischen Grundformen komplizierte

Dinge wie Mensch, Tier, Haus, Blume, Sonne darzustellen.

Die Bildsprache der Kinder muss uns eigentlich nicht unverständlich bleiben, weil wir nämlich selbst diese Formen in uns haben. Wir haben sie alle, als wir noch Kinder waren, aus uns heraus entwickelt. Als Piktogramme weisen sie uns den Weg durch die moderne Welt. In christlichen und asiatischen Meditationsbildern können wir sie wieder betrachten und uns auf sie einlassen. In Träumen zeigen sie uns ihren archetypischen Charakter.

Gibt es nun eine Erklärung, warum Kinder unabhängig von allen ethnischen, geographischen und kulturellen Gegebenheiten den gleichen Formenkanon verwenden? Es gibt hierzu verschiedene Theorien. Eine davon besagt, dass im Menschen eine bestimmte Formensprache (Eichmeier und Höfer nennen es endogene Bildmuster) angelegt ist. Kellogg ist der Meinung, dass die kindliche Zeichenkunst aus „Engrammen" des Gehirns hervorgeht. Es nennt sie deshalb „biological art". Die Forscher Kellogg, Knoll und Kugler haben elektrisch und magnetisch angeregte Phosphene (subjektive Lichterscheinungen) mit den geometrischen Figuren in Kinderzeichnungen verglichen. Sie stellten große Ähnlichkeiten fest. Ein Zusammenhang wurde auch zwischen den Strukturen der Bildsprache der Kinder und der Gestaltwahrnehmung festgestellt. Konzentrische Kreise und Strichfiguren wurden von kleinen Kindern (Untersuchungsalter 1 bis 6 Monate) lieber und länger betrachtet als Dreiecke, die auch als Phosphene nicht so häufig vorkommen. Die Formwahrnehmung ist also auf einen Reifeprozess, einen Lernprozess und angeborene Fähigkeiten zurückzuführen.

Zusammenfassend kann man wohl sagen, dass das Bedürfnis, sich in Formen auszudrücken, im Menschen verankert ist. Die bei allen Kindern wieder kehrenden Bauelemente sprechen dafür.

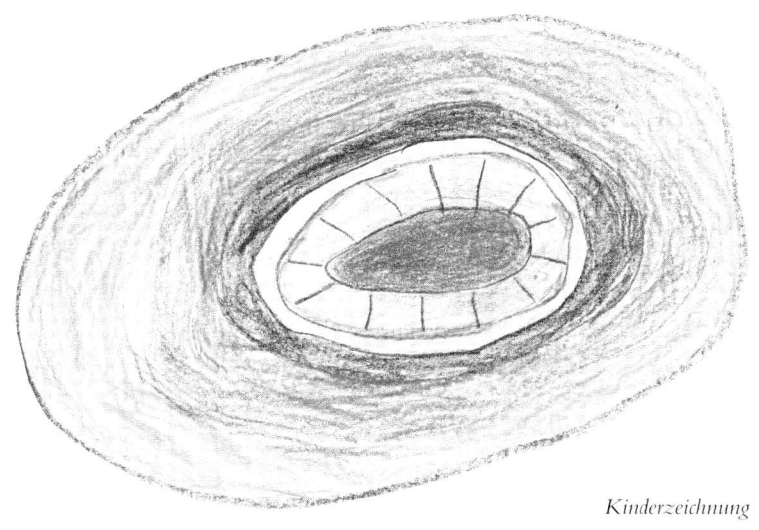

Kinderzeichnung

2. Die Urzeichen des prähistorischen Menschen

Als sich um die Jahrhundertwende die Entdeckungen von Höhlenmalereien häuften, hat man sich die Frage gestellt, ob das schon Kunst sei. Zu der Zeit hat man auch begonnen, sich mit Kinderzeichnungen zu beschäftigen. Kunsthistoriker haben auf Ähnlichkeiten zwischen prähistorischen Höhlenbildern und Kinderzeichnungen hingewiesen. Manche Forscher waren der Meinung, dass Kinder in ihren Zeichnungen die Entwicklung der menschlichen Rasse durchmachen. Auch die naturalistische paläolithische Kunst hat eine Kritzel- und Schemaperiode durchgemacht. In prähistorischen Höhlenmalereien finden wir immer wieder verschiedene geometrische Motive.

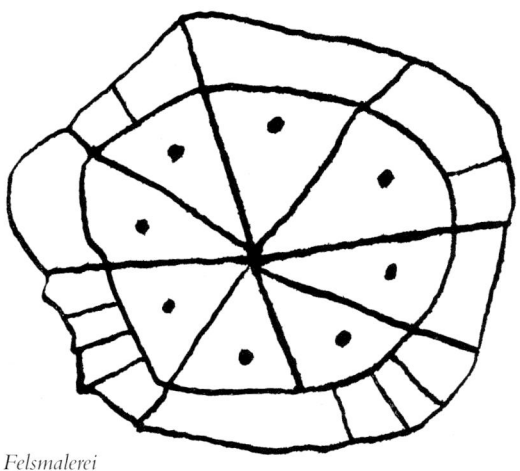

Felsmalerei

Grete und Wulf Schiefenhövel berichteten in jüngster Zeit von bisher noch gänzlich isoliert lebenden Bewohnern des Berglandes von Neuguinea, den Eipos. Die Eipos lebten dort in einer Höhe von ca. 1.600 bis 2.000 m noch unberührt von zivilisatorischen Einflüssen. Auch im ersten Jahr der Entdeckung der Eipos achteten die Forscher sehr darauf, keinen Kulturimport zu betreiben. Sie zeigten den Eipos auch keinerlei bildhafte Darstellungen, Fotos oder dergleichen.

Die bis dahin schriftlose Kultur der Eipos war reich an mündlichen Überlieferungen von Mythen und Erzählungen. Es waren ihnen auch viele Lieder bekannt, die oft während des Singens erdacht wurden. Es war also in der verbalen Kunst eine große Vielfalt und Kreativität zu beobachten.

Bei den ersten Zeichenversuchen der Eipos (Erwachsene wie Kinder) war erkennbar, dass fast alle Kritzel verwendet wurden, die auch in der Kritzelstufe der europäisch-amerikanischen Kinder vorkommen. So wurden die Kritzelstufe und das gegenständliche Zeichnen fast gleichzeitig erreicht, wahrscheinlich weil es schon Jugendliche und Erwachsene (10- bis 35-jährige) waren. Es war auffällig, dass auch die Eipos genau wie unsere Kinder das, was ihnen wichtig ist und das, was sie wissen, in ihren Zeichnungen zum Ausdruck brachten.

Bei der Darstellung von Menschen und Tieren fiel die symmetrische Struktur auf. Es war auch die Fähigkeit vorhanden, sich bildnerisch auf zweidimensionalem Raum auszudrücken. Zentralperspektivische Bilder, die man ihnen später zeigte, verstanden sie jedoch nicht. Zu den in räumlicher Perspektive kleiner gezeichneten Personen sagten sie „Kinder". Aber bereits ein Jahr nach den ersten Zeichenversuchen der Eipos war schon ein großer Entwicklungsschritt zu erkennen. Gesichter wurden mit Auge, Nase, Stirn und Mund differenziert. Sogar Bewegung wurde zeichnerisch in einfachen Strichen dargestellt.

Inzwischen hat sich die Kultur der Eipos gravierend verändert. Gründe dafür sind wohl in der Beeinflussung durch eine fundamentalistische amerikanische Missionssekte und in der Zerstörung ihres Lebensraumes durch zwei schwere Erdbeben zu sehen.

Im Jahre 1896 entdeckte ein Jäger auf einer Fuchsjagd einen Höhleneingang. Es war der Eingang zu Altamira in Nordspanien. Zehn Jahre später begann man mit den Ausgrabungen und entdeckte in den Lehm gekratzte Reliefs. Man schätzt ihr Alter auf etwa 32.000 Jahre. Von einer künstlerischen Betätigung des Menschen zu sprechen ist sicherlich gewagt. Die Vorstellung der magischen Zauberkraft des Bildes kommt dem Ursprung wahrscheinlich näher. Diese menschliche Bilderschrift bestand auf den ersten Blick aus durcheinander verlaufenden Linien. Darin lassen sich Formen wie parallel laufende Linien, Spiralen und halbkreisartige Formen entdecken.

Die ältesten Gegenstände, die keine Werkzeuge waren, wurden bisher in Europa gefunden. Es sind Sphäroide (kugelförmige Objekte), die der Altsteinzeit, die vor etwa 300.000 Jahren begann, zugeordnet werden. Zum Teil sind diese Kugeln aus Stein gehauen, zum Teil aus Löss geformt und dann versintert. Marie E. P. König nennt den Sphäroid die „ideale Gestalt für den noch undifferenzierten Grundbegriff, denn es ist die einzig vollkommen einheitliche Figur. Zugleich bestätigte sich darin die Beobachtung vom Lauf der Gestirne, die im Bogen über den Himmel zogen und diesen damit als Wölbung erscheinen ließen. Alle späteren Kulturen gingen noch von der Idee des kugelförmigen Kosmos aus und konnten ihn auch in der Gestalt der Kugel darstellen" (in: Am Anfang der Kultur, S. 34).

Auch andere rundliche Objekte dienten als Sinnbilder. Dazu gehört vor allem der menschliche Schädel. Dieser hatte, vielleicht auch wegen seiner runden Form, offensichtlich eine Sonderstellung unter allen Teilen des menschlichen Skeletts und war verschiedentlich mit kultischen Opferriten verbunden. Dies zeigen auch spätere Funde aus der Jungsteinzeit, zum Beispiel Kopfsteine, wie sie im ehemaligen Jugoslawien entdeckt wurden. Die natürliche runde Steinform ist dort kaum verändert worden. An den Steinen sind geometrische Zeichen wie Spiral-

und Mäanderformen, Wellenlinien und hakenkreuzähnliche Formen angebracht.
Schon der Neandertaler konnte Steine rund bearbeiten. Ausgehöhlte, halbrunde, schalenartige Gebilde entstanden. Die geordneten Grablegungen in Ost-Westrichtung lassen den Schluss zu, dass der Neandertaler die Gestirne, besonders die Sonne beobachtete.

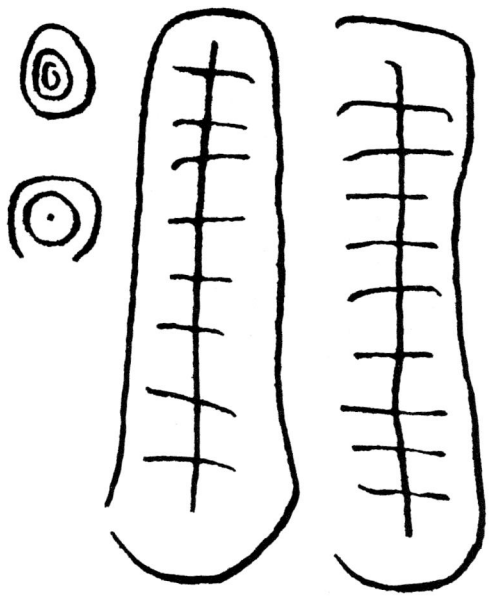

Ritzbilder aus einem Megalithgrab in Irland

In dieser Zeit begannen die Langknochen des menschlichen Skeletts eine zunehmende Rolle zu spielen. Man hat Langknochen mit eingeritzten geraden Linien gefunden.

Strichreihungen und Einkerbungen wurden angebracht. Marie E. P. König ist der Auffassung, dass dies die Zeit war, in der der Mensch zu „schreiben" begann. Gombrich schreibt über die Kunst der Urzeit: „Wir wissen sehr wenig über diese geheimnisvollen Anfänge. Aber wenn wir die Geschichte der Kunst verstehen wollen, tun wir wohl gut daran, uns hier und da zu erinnern, dass Bilder und Buchstaben im Grunde Blutsverwandte sind" (in: Geschichte der Kunst, S. 42).
Runde und gerade Formen und Linien tauchten also sehr früh auf. Sie spielen in der Entwicklung der Buchstaben ebenso eine Rolle wie in der Entwicklung der Bildsprache der Kinder.
Einen interessanten Fund hat man 1964 in einer Siedlung in Ungarn, die der mittleren Altsteinzeit zugeordnet wird, gemacht. Es ist ein Nummulites perforatus, dessen einzelliges, scheibenförmiges Kalkgehäuse schwach gerundet und geschliffen worden ist. In die so vorbereitete Oberfläche wurden zwei gerade Linien scharf eingeritzt, die sich genau im rechten Winkel in der Mitte schneiden. Dieses Linienkreuz kannten alle folgenden Zeiten. In den Kulthöhlen der Île-de-France finden wir viele dieser Zeichen; nicht nur in Knochen, Felsen und Steine eingeritzt, sondern auch auf Felswände und Kieselsteine gemalt. Diese Ideogramme (das sind Schriftzeichen, die nicht wie unsere Buchstaben für Laute, sondern für Begriffe stehen) waren über alle Teile der Welt verbreitet, von Australien bis zum präkolumbianischen Amerika.

In vielen Teilen der Welt entdeckte man Fundstücke früherer Kulturen, die konzentrische Kreise, Spiralen, Halbkreise, Schlangenlinien, Kreuze, netzartige Strukturen usw. aufweisen. Nicht nur in Frankreich, Spanien und Italien gibt es bekannte Höhlenmalereien. Skandinavien ist besonders reich an Felsbildern.

Hier finden wir wiederum die bekannten Symbole wie Dreieck, Zacken, Kreise, Spiralen, Strichformationen und das Sonnenrad. Letzteres ist ein uraltes heiliges Symbol, das auch im östlichen Mittelmeerraum auftrat. Auch die Spirale ist dort oft zu finden, ebenso in der Bretagne, in England und in Irland.

Häufig wurde die Spirale in einer abgewandelten Form verwendet: konzentrische Halbkreise, aufeinander folgende Gruppen von konzentrischen Bögen, wellenartige Formen und spiralige Kurven bilden oft ein nuancenreiches Geflecht. Ein besonders schönes Beispiel findet sich in New Grange, wo auf dem großen Stein des inneren Steinkranzes Dreiecke, Vierecke und Spiralen abgebildet sind (3. oder 4. Jt. v. Chr.).

Großer Stein von New Grange, Irland

Auch im außereuropäischen Bereich finden wir Felszeichnungen und -malereien, die vergleichbare geometrische Motive aufweisen. In Afrika reichen die Spuren des Menschen bis in früheste Epochen zurück. Besonders eindrucksvoll sind die Felsbilder in der Zentral-Sahara in Afrika. Sie stammen aus der Zeit zwischen 5.000 und 1.200 v. Chr.

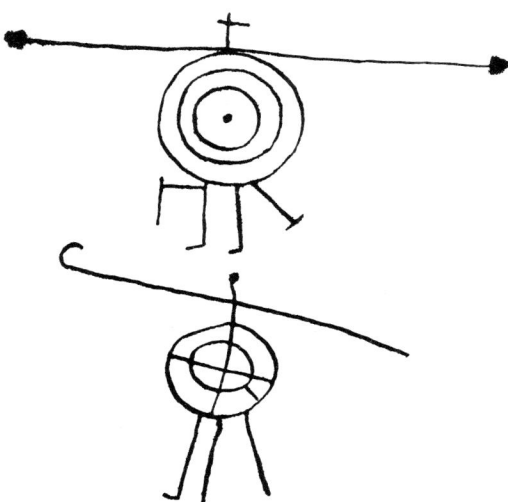

Felsmalerei (Schweden)

In Amerika fand man alte Felsbildkunst und auch wenige hundert Jahre alte Kunstwerke von nordamerikanischen Indianerstämmen. Neben Darstellungen von Menschen und Tieren gibt es hier interessante geometrisch-ornamentale Darstellungen wie Kreise, Mäander und „Tierspuren", die mit Punkt- und Strahlenreihen dargestellt wurden.

Auch in Australien gibt es Felsgravierungen. Dort hat man eine Felsbildkunst entdeckt, deren Bedeutung bis heute noch nicht erforscht ist. Konzentrische Kreisformen werden dort oft als Ausgangspunkte verwendet.

Nasenpflöcke (Suaheli)

Felsmalereien

Die „Verzierung" mit geometrischen Zeichen finden wir natürlich nicht nur auf Felsbildern. Viele Ritualgegenstände, Kampf- und Tanzschilde, Töpferwaren oder Textilien, Holzschnitzereien, Borkenmalereien, Schmuckstücke u.Ä.m. wurden so dekoriert. Ein interessantes Beispiel sind hier die Nasenpflöcke, wie sie in Afrika verwendet werden.

3. Die Bildsprache der modernen Kunst

Bei einem Museumsbesuch einer Miró-Ausstellung sagte ein kleiner Junge ganz entrüstet zu seinem Vater: „Der hat mir alles nachgemalt!"

Immer wieder können wir erleben, dass kleine Kinder die Werke moderner Künstler spontan „verstehen". Es gefällt ihnen, sie äußern dies und entdecken vieles, was wir Erwachsene erst auf den zweiten Blick sehen. Sie haben noch nicht die Barrieren, erleben nicht den Anspruch der zeichnerisch „richtigen" Darstellung, sind nicht der Meinung, dass „Kunst von Können kommen muss". Unter „Kunstkennern" hört man dagegen manchmal vernichtende Urteile wie: „Das kann ja jedes Kind!" oder „Das soll Kunst sein?"

Wann die „moderne Kunst" beginnt, ist eine Definitionssache. Wenn wir als Zeitraum das beginnende 20. Jahrhundert nennen, ist dies aber sicher nicht falsch.

Bekannte Künstlernamen aus dieser Zeit sind Manet, Monet, Cézanne, van Gogh, Picasso, Miró, Kandinsky oder Klee.

Es ist die Zeit des Impressionismus, Symbolismus, Kubismus und Expressionismus. Die Entdeckung der Fotografie stellte die Malerei in einem bestimmten Bereich, nämlich in der naturalistisch genauen Darstellung der Welt, in Frage. In einem seiner Briefe an einen jungen Maler hatte Cézanne geraten, dass man in der Natur immer die elementaren geometrischen Formen Zylinder, Kegel und Kugel sehen sollte.

Pablo *Picasso* hat 1912 ein Stillleben mit Geige gemalt. Auf den ersten Blick ist dieses Bild ein eigenartiges Formengemisch. Auf den zweiten Blick dagegen ist diese Darstellung sehr klar und konsequent. Es ist nicht eine naturalistische Abbildung einer Geige, sondern Picasso hat jedes Detail von seiner charakteristischen Seite gemalt. Die Schnecke und die Wirbel sieht man von der Seite, den Klangkörper selbst von vorne. Kinder würden dies in einem bestimmten Alter so ähnlich lösen. Sie zeichnen alles von seiner typischen Seite; ein Kind zeichnet eben das, was es weiß, und nicht das, was es sieht.

In der Kunstgeschichte nennt man diese Richtung Kubismus. Ein kubistisches Bild enthält nicht nur eine Ansicht der Dinge, sondern eine Reihe von z. T. sich überlagernden Ansichten von verschiedenen Standpunkten. Kleine Schulkinder haben in einer Unterrichtsstunde, die ein kubistisches Bild zum Thema hatte, den Begriff Kubismus mit der Wortschöpfung „Würfelkunst" übersetzt. Kubismus war für sie ein schweres und unverständliches Wort. Kubistische Bilder jedoch finden Kinder oft interessant. Es ist spannend, wie viele Details es zu betrachten gibt, die wiederum das Gesamtbild ergeben.

Von Pablo Picasso gibt es auch kubistische Porträts. In späteren Personendarstellungen sind zum Beispiel Profile von Menschen gemalt. Eigenartigerweise haben diese Menschen in ihrem Gesicht, das sie von der Seite zeigt, zwei Augen, die einen frontal anschauen, und oft ist auch noch der Mund von vorne gezeichnet.

Man findet viele Menschendarstellungen in Kinderzeichnungen, wo Kinder auf ähnliche Lösungen kommen. Ein Kind weiß, dass zu einem menschlichen Gesicht zwei Augen gehören. Ein gehender oder laufender Mensch wird logischerweise von der Seite gezeichnet. Natürlich werden dann aber ins Gesicht, das im Profil gezeichnet ist, zwei Augen gesetzt. Originelle Lösungen tauchen auf: Zwei Ohren können auf der gegenüberliegenden Seite der Nase sitzen. Bei Kindern ist das eine bestimmte Entwicklungsphase, die sie wieder verlassen. Das Schuleintrittsalter ist ein großer Entwicklungsschritt, der sich auch in der Kinderzeichnung bemerkbar macht. Mit der Pubertät verändert sich die Art der Zeichnung radikal. Die naturalistische Darstellung rückt in den Vordergrund.

Bei Pablo Picasso ist die Zeit des Kubismus natürlich keine Phase, die später von einem „perfekteren" Naturalismus abgelöst wurde. Von Picasso kennen wir ja aus der Zeit davor schon naturalistische Bilder. Es ist nicht so, dass Picasso in der kubistischen Periode einfach nicht „besser" malen konnte. Er verfolgte eine bestimmte Theorie der Weltdarstellung. Nach eigener Aussage hat er selbst nie Kinderzeichnungen gemacht. Nach dem Besuch einer Ausstellung mit Kinderzeichnungen sagte er von sich: „Als ich so alt war wie diese Kinder, da konnte ich zeichnen wie Raffael. Es hat viele Jahre gedauert, bis ich zeichnen konnte wie diese Kinder" (aus einem 1956 in der Londoner Times veröffentlichen Leserbrief von Herbert Read). Und: „Mein Vater war Zeichenlehrer, er hat mich wahrscheinlich vorzeitig in diese Richtung gelenkt."

„Die Natur bedeutete für Picasso eine Quelle der Inspiration. Nicht nur die optische Erscheinung der Dinge, sondern die Gesamtheit ihrer durch die Form erfassbaren Eigenschaften regt ihn an und fesselt ihn. Seine Kunst strebt oft dahin, wie in den Frühzeiten menschlicher Kunstübung zu einer Bilder- und Zeichensprache zu werden, jedoch immer auf der Grundlage nachahmender Beherrschung der äußeren Erscheinung der Natur" (Wilhelm Boeck, Picasso, 1955).

Bezeichnend ist für Picasso sicherlich, dass er zeitlebens eine kindliche Spontanität der Beobachtung, des Spiels und des Verfremdens behalten hat. Er hatte vier Kinder, die ihn auch oft im Atelier besuchen durften. Sie konnten ihm beim Malen zusehen – seine Arbeit war ein ganz natürlicher Teil im Familienleben. Es gibt eine Reihe von Fotos, die ihn beim Malen mit seinen Kindern zeigen.

Ein weiterer Künstler, dessen Bilder von Kindern und Erwachsenen gleichermaßen geschätzt werden, ist Paul *Klee*. Er ließ sich in seiner künstlerischen Entwicklung immer wieder von Kinderzeichnungen und ethnographischen Sammlungen inspirieren. Von ihm sind auch, im Gegensatz zu den meisten anderen Künstlern, viele Kinderzeichnungen erhalten. Paul Klee hat diese Kinderzeichnungen außerordentlich geschätzt. Er hat eine Auswahl von ihnen später sogar gerahmt und signiert. Die Bilder seiner Kindheit zeigen bereits eine große Differenzierungsfähigkeit und Erlebnisdichte. Auch später war diese kindliche, spontane und mitteilungsfreudige Kreativität immer wieder Grundlage seines künstlerischen Schaffens, obwohl er auch sehr bewusst Kompositionsstudien betrieben und diese als Lehrer am Bauhaus auch gelehrt hat. Von seinen Schülern weiß man, dass er ein ausgesprochen lebendiger Lehrer war, dessen Erklärungen sehr bildhaft waren. Dass er außerdem ein guter Musiker war, erspürt man aus vielen seiner Malereien und Zeichnungen. In seinen Tagebüchern und Briefen ist zu lesen, dass er sich „im naiven Stil, so wie es Kinder zeichnen würden, entwickelt habe" (Brief vom 31.3.1905). Er hat sich allerdings zugleich gegen einen direkten Vergleich seiner Bilder mit Kinderzeichnungen ausgesprochen.

Es war wohl mehr der gemeinsame Urquell, der ihn faszinierte, das Spiel mit den gesetzhaften Komponenten der Formen, verbunden mit dem freien Spiel der Phantasie, der Poesie. Auch Kinder verwenden in einem bestimmten Alter bevorzugt geometrische Formen für ihre Gestaltungen, jedoch nicht theoretisch, sondern als Sinnbilder für etwas Gemeintes. Das, was uns an den Kinderzeichnungen oft so anspricht, ist der spielerische, originelle Umgang mit diesen Sinnzeichen. „Es gibt … Uranfänge von Kunst, wie man sie eher in ethnographischen Sammlungen findet oder daheim in seiner Kinderstube. Lache nicht, Leser! Die Kinder können es auch, und es steht Weisheit darin, dass sie es auch können!" (Paul Klee, Tagebucheintrag Nr. 905, 1912).

Paul Klee war ein sehr produktiver Künstler. Als er 1940 mit sechzig Jahren starb, hatte er annähernd 9.000 Kunstwerke hinterlassen. In vielen seiner Werke spürt man sein Bemühen und Können, die phantasievolle Kreativität der Kinder mit einer Reife in der Darstellung zu verbinden. Dieses intuitive Erfassen des „Zwischenreichs" fasziniert uns sicher an den Bildern Klees. Die Welt der Kinder hat er ebenfalls oft zu seinem Bildthema gemacht.

Außer seinem künstlerischen Œvre hat er uns viele Briefe und Tagebücher hinterlassen. Darin macht er sich immer wieder Gedanken über den Ursprung allen Seins: „Ich sage es oft, aber es wird manchmal nicht ernst genug genommen, dass sich uns Welten geöffnet haben und öffnen, die auch der Natur angehören, aber in die nicht alle Menschen hinein blicken, vielleicht wirklich nur die

Kinder, die Verrückten, die Primitiven …"
(Paul Klee, Tagebücher, S. 249).

Der Maler Wassily *Kandinsky* besaß eine
recht umfangreiche Sammlung von Kinderzeichnungen. Sie gaben ihm viele Anregungen für seine abstrakten Formen. Auch er
suchte nach dem Ursprung der Bildsprache.
Er hat wie Paul Klee als Künstler am Bauhaus
unterrichtet und seine Theorie in „Über das
Geistige in der Kunst" niedergeschrieben. In
dem Aufsatz „Über die Formsprache"
schreibt Kandinsky 1912, dass alles Zweck-
mäßige dem Kind fremd sei, dass es mehr die
Dinge mit ungewohnten Augen ansehe und
die Fähigkeit hätte, jedes Ding als solches
aufzunehmen. Die Urbilder der Kinderzeichnungen, archetypische Grundformen,
wie sie jeder Mensch in ähnlicher Form in
sich hat, haben ihn zeitlebens interessiert.
Zunächst gegenständlich malend, entwickelte er schon bald einen abstrakten Stil von
großer Farbigkeit. Gerade seine ungegen-
ständlichen Bilder sprechen in ihrer starken
Farbigkeit Kinder meist sehr an. Kandinsky
hatte eine starke emotionale Beziehung zu
seiner russischen Heimat. Einige Zeit lebte
er mit der Malerin Gabriele Münter in Mur-
nau bei München. In kräftigen Farben malte
er dort Stillleben, Landschaften und Porträts.

Ein achtjähriger Junge schrieb an den Maler
Joan *Miró* folgenden Brief: „Lieber Herr
Miró! Sie sind mein allerliebster Maler, und
Sie malen so lustig." Dann beschreibt der

Junge, wie ihn ein Männchen aus Mirós Bild
einlädt – es hat einen roten Mond und
schwarze Sterne zum Spielen.
Aber nicht nur die Formen und Farben auf
Mirós Bildern sprechen Kinder an. Der
Künstler gab seinen Bildern und Plastiken
auch so schöne poetische und phantasievolle
Titel wie: „Ein Vogel verfolgt eine Biene
und küsst sie" oder „Schnecke Frau Blume
Stern" oder „Die Flügel des Vogels, der über
den Mond gleitet, um zu den Sternen zu gelangen".
Miró selbst bewunderte und sammelte die
Zeichnungen seiner kleinen Tochter Dolo-
res. Auch von ihm selbst sind eine Reihe von
Kinderzeichnungen erhalten. Als er als schon
berühmter Maler einmal seine Kinderzeichnungen betrachtete, sagte er von sich: „Je
mehr ich das Metier beherrsche und je älter
ich werde, desto mehr komme ich auf meine
ersten Eindrücke zurück. Ich glaube, am
Ende meines Lebens werde ich alle Werte
der Kindheit wiederentdeckt haben" (zit.
nach: Dora Vallier, L'intérieur de l'art,
S. 143). Auch das sinnliche Erlebnis des Ma-
lens erfüllte ihn ganz: „Ich arbeite oft mit
den Fingern, ich habe das Bedürfnis einzu-
tauchen in die physische Realität der Tinte,
der Farbe, ich muss an Kopf und Füßen
schmutzig sein." Er sagte dies 1977. Da war
Miró bereits 84 Jahre alt.
Seine Bilder stimmen durch ihre Farbigkeit
oft sehr fröhlich. Wir empfinden viele seiner
Bilder als ein poetisches Spiel von Farben
und Formen. Aus unzähligen Linien werden

Muster: Kreise, Spiralen, Quadrate, Rechtecke. Wir entdecken Tiere, Gestalten, eine schmale Mondsichel, eine rote Sonne … Punkte sind in einem Rhythmus angeordnet. Nichts wirkt zufällig in der Komposition, und doch spüren wir eine Leichtigkeit und Lebendigkeit.

Miró ist ein Maler, den Kinder sehr lieben. Schon einzelne Motive können unglaublich spannend sein. Rudolf Seitz hat viele Bilder von Miró mit Kindern betrachtet und damit gearbeitet: „Wenn man anfängt, einzelne Motive zu verfolgen, wird es schnell spannend. Besonders aufregend finde ich z.B. den roten Kreis. Einmal ist er die rote Sonne, dann wird er zum Auge oder zum großen, dicken Bauch eines Tieres, dann ist er der Mond für das kleine Mädchen oder die kleine Katze. Ein anderes Mal ist er ein Kopf, über den ein Vogel fliegt, oder ein Spiegel, eine Frau, eine große runde Blüte in tropischer Vegetation, oder …" (in: Wolfgang Löscher, Vom Sinn der Sinne, S. 75 f).

Kunstbetrachtung mit Kindern muss durchaus nichts von Museumsmief an sich haben. Im Gegenteil, es gibt viel zu entdecken, zu beschreiben, weiterzuträumen und … weiterzumalen.

Natürlich gibt es noch eine Reihe von anderen Malern, die sich mit Kinderzeichnungen auseinandergesetzt haben und in deren Arbeiten es viele „Urformen" zu entdecken lohnt. Hundertwasser ist hier beispielsweise zu nennen.

Wer sich mit Kindern auf die spannende Entdeckungsreise in die Welt der modernen Kunst begeben möchte, der findet vielfältige kreative Anregungen in:

Cordula M. Pertler, Kinder erleben große Maler, München: Don Bosco, 2. Aufl. 1996 (mit Farbdias).

4. Urformen der Natur – am Beispiel der Spirale

Als 1928 das Buch „Urformen der Kunst" und wenig später „Wundergarten der Natur" von Karl Bloßfeldt erschien, begannen sich viele Künstler für seine Arbeit zu interessieren. Bloßfeldt war Bildhauer und Amateurfotograf. Sein Ziel war es, für Künstler, Handwerker und Architekten die Pflanzen in ihrem Formenwachstum fotografisch so darzustellen, dass diese nach diesem Musterkanon arbeiten können. Die Bücher von Karl Bloßfeldt sind inzwischen neu aufgelegt und kaum jemand kann sich dem hochästhetischen Reiz seiner Pflanzenfotografien entziehen.

Seine Fotos sind Abbildungen von Pflanzen wie Schachtelhalm, Eisenhut, Löwenzahn, Farn, Steinbrech, Clematis – Pflanzen, die wir fast alle kennen, aber selten so bewusst betrachtet haben. Die Pflanzen, die Bloßfeldt fotografierte, wirken auf seinen Aufnahmen fast geometrisch-ornamental.

Auch von Max Ernst gibt es phantastische Pflanzendarstellungen. Allerdings arbeitete er mit Hilfe einer ganz anderen Technik: Er hat eine Reihe von Frottagen (Materialabriebe) hergestellt, bei denen er natürliche Materialien wie Holz, Steine und Pflanzenteile mit einer weichen Kreide auf Papier durchrieb. Andere Bilder, die uns Laien natürlich nicht so oft begegnen, sind rastermikroskopische Aufnahmen. Sogar in Einzellern finden wir spiralige Strukturen.

Anhand dieser und anderer Arbeiten erkennen wir sich wiederholende Formprinzipien. Wenn Tautropfen auf Blättern oder im Gras liegenbleiben, schimmern sie wie silbrige Wasserkügelchen. Theodor Schwenk meint dazu: „Wasser hat das Bestreben, in die Kugelform zu gehen". (in: Das sensible Chaos, S. 11). Wenn wir einen natürlichen Bachlauf betrachten, fällt uns auf, dass das Bachbett sich durch die Wiesen schlängelt. Wasser läuft nie geradeaus. Wenn wir kleine Papierschiffchen in einem Bach schwimmen lassen, können wir oft beobachten, wie die Schiffchen von einem Wasserstrudel erfasst werden und in schnellen, wilden Bewegungen tanzend ins Zentrum des Wasserstrudels gezogen werden. Wenn wir genau hinsehen, stellen wir fest, dass dies spiralig in stetig enger werdenden Kreisen passiert. Auch beim Auslaufen des Badewassers erleben wir, dass das Wasser in einem sich immer schneller spiralig drehenden Strudel verschwindet.

Der Wasserstrudel hat eine dreidimensionale Dynamik. Ein guter Rat von erfahrenen Schwimmern ist: Sollte man beim Schwimmen einmal in einen Wasserstrudel geraten, dürfe man nicht dagegen ankämpfen. Im Gegenteil, man muss sich mit dem Sog nach unten ziehen lassen. Am untersten Punkt des Strudels wird man in weiten Spiralbahnen wieder nach außen und nach oben gedrückt.

Wasserstrudel südlich des Äquators

Die Spirale kann sich entweder mit oder gegen den Uhrzeigersinn drehen. Wenn wir Schneckenhäuser und Muscheln betrachten, so fällt uns auf, dass es rechtsgewundene und linksgewundene Schneckenhäuser gibt. Links- und rechtsdrehende Spiralen finden wir auch bei den Geweihen und Hörnern vieler Huftiere. Bei den Pflanzen gibt es welche, die sich mit einem Rechtsdrall ranken und andere, die genau das Gegenteil tun, z. B. ranken Bohnen und Winden rechts und Hopfen und Geißblatt links. Links- und rechtsdrehende Spiralstrukturen können nicht einfach vertauscht werden. Eine Pflanze, der die entgegengesetzte Drehbewegung aufgezwungen wird, wird krank.

Die Form der Spirale ist immer mit Dynamik und Bewegung verbunden. Es ist eine ungeheuer spannende Urform: Wir finden sie überall. Ganz nah bei uns und in uns und weit weg in den Spiralnebeln des Kosmos und auch im Mikrokosmos.

Wir finden sie ganz leicht an und in uns selbst: in der Form unserer Ohrmuschel (auch ein Teil des Innenohrs, deshalb Cochlea, also Schnecke, genannt, ist schneckenförmig gebildet), in den Hand- und Fingerlinien, im Faserverlauf des menschlichen Herzmuskels, in der gerollten Nabelschnur, in Knorpeln, Bindegewebe, Knochen und Muskeln … Auch unsere Haare sind aus feinsten Fasern, die spiralig gedreht sind. In der Mikrobiologie hat man sie in Zellen und Gewebe entdeckt. Die moderne Wissenschaft eröffnet uns hier noch weitere Dimensionen: in der DNS (ausgeschrieben ist es das schwierige Wort „Desoxyribonukleinsäure") sind alle Erbinformationen und Zellbaupläne eines Lebewesens enthalten. Es ist eine ganz individuelle Zusammensetzung und Struktur. Aber bei jedem Menschen ist die DNS als Doppelspirale angelegt. Die Natur greift immer wieder auf diese Form als Bauprinzip zurück. Christian Larsen, der die krankengymnastische „Spiraldynamik" entwickelte, nennt die Spirale „Nabelschnur des Lebens". Vieles im menschlichen Körper windet sich offenbar in Spiralen.

Aber sie ist nicht nur in uns, auch die Struktur und Dynamik vieler Galaxien bilden Spiralformen. Die moderne Kosmologie

© Astronomisches Institut der Universität Basel

erforscht das Weltall und den Ursprung des Universums und entdeckt immer wieder neue Galaxien und Sterne. Fast alle Sternsysteme zeigen Spiralformen. Die Spiralnebel des Kosmos entstehen im Spannungsfeld einer abstoßenden Kraft und der anziehenden Gravitation. Der Explosion und dem dadurch auseinanderstrebenden Kosmos stehen, wie man stark vereinfacht sagen kann, sogenannte „schwarze Löcher" (verdichtete Materie mit Sogwirkung) gegenüber.

Auch in Wolkenwirbeln entstehen Spiralen. Diese Wolkenwirbel sind die größten Spiralen der Erde. Jeder von uns kennt dieses Bild: Täglich ist nach der Tagesschau im Fernsehen die Wetterkarte zu sehen. Auf dem Satellitenbild sehen wir, wie sich die Wolken „einrollen". Auch hier wirken zwei gegensätzliche Kräfte (warme und kalte Luftmassen) zusammen. Der unsichtbare Wasserdampf kondensiert, Wassertröpfchen entstehen und wir sehen Kumuluswolken am Himmel. Bei sehr kalten Temperaturen werden sie zu Schneeflocken oder Eiskristallen. Dem entspricht das Wolkenbild der Zirruswolken.

Aber nicht nur moderne Wissenschaftler, sondern auch geistig interessierte Menschen früherer Zeiten haben sich auf der spirituellen Ebene Gedanken über die Spirale gemacht. Die Spirale verkörpert sowohl in der Mathematik wie in der Mystik ein Urprinzip. Es ist ein Lebenssymbol, das zwei psychische Grundkräfte ausdrückt. Wir können sie Intraversion und Extraversion nennen, die Entfaltung nach außen und die Konzentration nach innen.

Wir können die Spirale sehr oft in der Natur beobachten – auch mit Kindern. Wir brauchen dazu weder Mikroskop noch Labor oder andere technische Hilfsmittel. Wir müssen einfach aufmerksam schauen und

beobachten: Wir sehen Spiralen im Wasserstrudel, in den Wolken, in Muscheln und Schnecken, in der aufgerollten Hülse des kreiseligen Schneckenklees, im einkrümmenden Fruchtstiel einer Cyclamblume, die Farnwedel rollen sich spiralig ein, Kletterpflanzen (Efeu, Clematis, Bohnen, Winden) ranken spiralig, viele Blattstellungen sind spiralig, die Rose öffnet spiralig ihre Blüte, der Fruchtstand der Sonnenblume (und anderer Korbblütler) ist spiralig, an den Zapfen von Nadelhölzern beobachten wir die Spirale – und in den feinen Linien unserer Fingerkuppen.

Teilhard de Chardin definierte es so: „La spirale, c'est la vie!" (Die Spirale ist das Leben.) Wir finden sie im Großen und im Kleinen, im Nahen und im Fernen.

5. Die Symbolik der Formen

Was ist ein Symbol? Im Duden stehen Begriffe wie: Sinnbild, Wahrzeichen, Gegenstand oder Vorgang, der stellvertretend für einen anderen (nicht wahrnehmbaren, geistigen) Sachverhalt steht. In der Antike bezeichnete man als „Symbol" ein durch Boten überbrachtes Erkennungs- oder Beglaubigungszeichen zwischen Freunden. Man benutzte dafür Teile von ursprünglich zusammengehörenden Dingen, also etwa die zwei Hälften eines Ringes oder einer Tonscherbe. Der Empfänger konnte dann daran, ob die Bruchstellen nahtlos mit seinem eigenen Bruchstück zusammenpassten, feststellen, ob der Bote auch wirklich von dem entfernten Partner beauftragt worden war.

Vielleicht ist das Symbol eine Verbindung zwischen der sinnlich wahrnehmbaren sichtbaren Welt und der seelisch-geistigen unsichtbaren Welt. Martin Buber hat das einmal so formuliert: Kein Symbol hat echtes Sein im Geiste, wenn es nicht echtes Sein im Leibe hat.

Ein Symbol drückt etwas aus, was wir sonst mit vielen Worten umschreiben müssten. Vor allem die Religionen greifen in der Lehre, die sie uns übermitteln wollen, auf das Symbol zurück. Aber auch in unserer „modernen" Welt werden wir durch viele Zeichen, Symbole und Piktogramme „durchs Leben geleitet".

Wir brauchen diese Zeichen aber nicht nur, um den äußeren Weg durchs Leben zu finden. Wir brauchen diese Zeichen auch als Sinnzeichen. Sie vermitteln uns Ruhe, Gelassenheit, Konzentration und Hoffnung. Diese Ur-Zeichen sind deshalb auf der ganzen Welt verbreitet: das Kreuz, das Kreuz oder der Stern im Kreis, der Kreis mit einem Mittelpunkt, das Quadrat, das Dreieck, das Rad, die Spirale.

Das Mandala

Im Mandala finden wir alle diese Zeichen. Mandalabilder haben eine erstaunliche seelische Wirkung auf uns, auf Erwachsene genauso wie auf Kinder.

Das Mandala ist oft einfach und doch geheimnisvoll. Ein Kreis mit einem Mittelpunkt kann schon ein Mandala sein. „Mandala" bedeutet auch Kreis, das Wort stammt aus dem Sanskrit. Ein Mandala bezeichnet man auch als Meditationsbild. Es hat nicht in erster Linie dekorativen Charakter. Auch ist es vom Ursprung her kein Kunstwerk, obwohl viele Mandalas in ihrer Ausführung wahre Kunstwerke sind. Man braucht nur an die phantastisch ausgestalteten Sandmandalas aus dem tibetischen Buddhismus zu denken. In leuchtenden Farben und differenzierten, komplizierten Mustern sind sie nicht nur wunderschön, sondern in erster Linie heilige Bilder. Beim tibetischen Kalachakra-Mandala wird das so kostbar aussehende Sandmandala, das die tibetischen Mönche in einem tagelangen Ritus ausgestreut haben, nach der heiligen Zeremonie wieder zusammengewischt, der jetzt vermischte farbige Sand in eine Vase gefüllt und am Ende des Rituals in einen nahegelegenen Fluss geschüttet. Auf der Wasseroberfläche bilden sich nun konzentrische Kreise – ein neues Mandala. Auch von nordamerikanischen Indianerstämmen kennt man das Streuen von mandalaartigen Bildern aus farbigem Sand.

Nicht nur die östlichen Religionen und uns fremde Kulturen, auch die christliche Religion verfügt über eine hohe Mandalakultur, z.B. die rosettenartigen Glasfenster in gotischen Kirchen.

Wir können es oft nicht mit Worten erklären, erkennen aber ein Mandala als solches. C.G. Jung begründet dies mit den archetypischen Bildern, die in uns sind. Im kollektiven Unbewussten, einer tiefen Schicht unserer Seele haben sich die Erfahrungen der Menschheit abgebildet – es sind die archaischen Bilder in uns.

Ein Mandala muss man vielleicht als Weg sehen, aber dieser Weg ist nicht offen wie beim Labyrinth oder Irrgarten, sondern verschlossen und verbaut. Immer wieder kommt man in Gebiete, die man durchschreiten muss, um ins innere Zentrum des Mandalas zu gelangen. Buddhistische Mandalas sind auch oft als Tempelanlagen angelegt. Im Inneren ist der Wohnsitz der Götter.

Der Weg des Mandalas ist immer der Weg zum Zentrum. Im Mandala gibt es schon formal die absolute Ausrichtung auf die Mitte. Diese Mitte kann man psychologisch als „Selbstverwirklichung" definieren, religiös gedacht ist es die Ausrichtung auf Gott. In der Mitte ist Ruhe, Gelassenheit und Stille. Das Mandala selbst baut häufig auf Spannungen auf. Der Kreis ist oft von einem Quadrat, das sich manchmal mit einem Achsenkreuz verbindet, umschlossen. Im Inneren finden wir oft Dreiecksformen. Auch das Rad ist ein typisches Mandalasymbol. Nur im Zentrum, in der Radnabe, finden wir die Ruhe – außen herrscht Dynamik und Bewegung. Um zum Mittelpunkt zu kommen, muss man die Welt der Gegensätze erleben und diese Polaritäten in eine Harmonie bringen.

Das Labyrinth

Ein anderes rätselhaftes Urbild, das es zu durchschreiten gilt, ist das Labyrinth. Labyrinthe üben eine große Faszination auf Menschen aus – auch auf heutige Menschen. Sie sind aber nicht mit dem Irrgarten zu verwechseln. Beim Labyrinth führt nur ein einziger Weg ins Zentrum, dieser aber ist unweigerlich mit Umwegen verbunden. Der Irrgarten ist eine Anlage, wo der Besucher viele Wege zur Auswahl hat. Manche führen ihn in Sackgassen oder in die Irre. Die ersten Irrgärten gibt es erst seit etwa 1.420 n. Chr. Bis zur Renaissance gab es lediglich die Labyrinthe, die nur einen Weg anbieten.

Ein Spirallabyrinth aus England, genannt das „Schäferrennen" (Boughton Green, Northants)

Im Labyrinth verliert man sich nicht
Im Labyrinth findet man sich
Im Labyrinth begegnet man nicht dem Minotaurus
Im Labyrinth begegnet man sich selbst

Hermann Kern, Labyrinthe,
München: Prestel-Verlag 1995, S. 13

Hermann Kern beschreibt verschiedene Formprinzipien: Beispielsweise gibt es beim Labyrinth eine äußere Begrenzungslinie, die nach außen rund, rechteckig oder vieleckig sein kann. Das Labyrinth ist nach außen nur an einer Stelle offen. Das ist der Eingang. Die Wege im Labyrinth sind zwangsläufig Umwege. Der Besucher hat keine Wahl, er kann nur weitergehen oder umkehren. Im Labyrinth wechselt der Weg oft pendelnd die Richtung und führt am erwünschten Zentrum vorbei, um dann schließlich doch in die Mitte zu führen. Der gleiche Weg führt wieder aus dem Zentrum heraus.

Es gibt sehr alte Labyrinthe. Wir finden sie jahrtausendealt in Stein geritzt oder mit Steinen gelegt. Es gibt sie auf Münzen, als römische Mosaikfußböden, in England gibt es alte Rasenlabyrinthe, im Innenhof von Palästen und in Kirchen sind sie in den Fußboden eingelassen.

Auch in Mythologien, Märchen, Sagen und Erzählungen taucht das Labyrinth auf. Ins Labyrinth von Knossos mussten die Athener

Kretisches Labyrinth

Mutter-Erde-Symbol der Hopi

alle neun Jahre sieben junge Burschen und sieben junge Mädchen schicken, die dem darin hausenden Minotaurus geopfert wurden. Theseus besiegte schließlich den Minotaurus. Seine Rettung, um wieder aus dem Labyrinth herauszufinden, war das Garnknäuel, den ihm Ariadne mitgegeben hatte. Beim Hineingehen rollte er das Garn ab, um auf dem gleichen Weg den Rückweg wiederzufinden.

In Märchen gibt es ähnliche Motive: Der Held, die Heldin muss dort oft unbekannte Wege gehen. Man darf keine Furcht haben. Oft muss man schweigen, Gefahren bestehen, hungern und dursten. Häufig wird man verwandelt oder gar in die Hölle geschickt, um die drei goldenen Haare des Teufels zu holen. Manchmal kommt auch unerwartet Hilfe: Die Sterne weisen den Weg, ein Vogel fliegt voran, oder man bekommt wie Theseus ein Garnknäuel, dem man folgen soll. Vielleicht sind diese Märchenmotive mit den Initiationsriten des Labyrinths verwandt.

In früheren Kulturen gab es Initiationsriten bei Jungen und Mädchen am Beginn der Pubertät. Sie mussten Mutproben bestehen, wurden in die Stammestraditionen eingeführt und mit dem religiösen Ritus vertraut gemacht. Hatten sie diese Prüfungen bestanden, waren sie vollwertige Mitglieder ihres Stammes.

Viele Labyrinthe wurden getanzt. Es gibt den Kranichtanz des Theseus. Einige Tänzer, die sich an den Händen halten und eine Kette bilden, werden vom ersten Tänzer angeführt. Im Inneren des Labyrinths angekommen, führte der Weg wieder nach außen. Jetzt übernimmt der letzte Tänzer die Führung. Auch das berühmte Labyrinth in der Kathedrale von Chartres soll in früheren Zeiten von den Priestern barfuß getanzt worden sein.

Der Urtyp des Labyrinths ist wohl das kretische Labyrinth. Obwohl es kretisches Labyrinth genannt wird, finden wir diesen Labyrinthtyp auf der ganzen Welt. Wir finden es auch in Skandinavien, England, Italien, Peru und anderen Ländern.

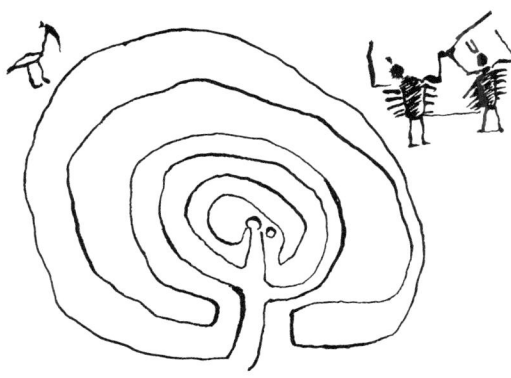

Labyrinth der „Großen Felsplatte" in Naquane

Der Weg ins Labyrinth ist symbolisch der Weg der Einweihung, der Weg ins Zentrum. Nachdem man sein bisheriges Leben hinter sich gelassen hat, kann man geläutert den Rückweg antreten.

Kreis und Kugel

Kreise und Kugeln sprechen uns spontan an. Wenn man eine Kugel in der Hand hält, kann man dies sinnlich erfahren. Sie hat etwas in sich Ruhendes, sie ruht in unserer Hand. Wenn wir die runde Sonne oder eine Kugel betrachten, ist dies – für unsere Augen – mit einer Kreisbewegung verbunden. Der runde Ball bewegt sich.

Das „Rund" ist auch im menschlichen Körper – in der Form des Kopfes. Hildegard von Bingen sagte: „Das Rund des menschlichen Hirnschädels weist auf die beherrschende Kraft des Menschen hin."

Der Kreis ist das Symbol für die göttliche Vollkommenheit, das Ewige, das Absolute. Der Kreis verlangt aber nach dem Zentrum, dem Mittelpunkt. Es gibt sehr schöne mittelalterliche Darstellungen, auf denen Engel in hierarchischen Ordnungen in Kreisform abgebildet sind, im Zentrum dargestellt, aber steht Gott. Daneben gibt es die wunderbaren Kosmosbilder der Hildegard von Bingen. Darauf ist der Mensch im Zentrum dargestellt, umgeben von verschiedenen Sphären und umschlossen von dem äußersten Kreis der göttlichen Liebe.

Das rotierende Rad symbolisiert die kreisende Bewegung, die Sonnenscheibe aber auch die vergehende Zeit. Es ist auch Zeichen für Schicksal. Im Schicksalsrad ist man einmal oben und einmal unten. Das Rad dreht sich unausweichlich weiter. Die Kreissymbolik ist also sehr vielgestaltig.

„Der Kreis verheißt Weite und Geborgenheit zugleich: Er verlockt dazu, umwandert und durchwandert zu werden. Von außen nach innen durchschritten gibt er Konzentration, lässt eine Mitte finden. Von innen nach außen durchmessen erschließt er immer größere Weiten des Raumes, bildet konzentrische Kreise, wird zuletzt Bild für den Kosmos. Der Kreis bedeutet Umfangen-Sein" (Ingrid Riedel, Formen, S. 7).

Quadrat und Würfel

Die Eckigkeit des Quadrats steht dagegen für alles Irdische und Unvollkommene. Es ist aber auch bodenständig und stabil. Es verkörpert das Prinzip der Statik und als Würfel ist es ein idealer Baustein. In der Welt, die der Mensch gestaltet hat, finden wir die quadratische Form häufig: in Feldern, Gärten, Kirchen, Plätzen, Häusern, aber auch bei Türen, Fenstern, Möbeln, Bildern … Auch dieses Buch ist annähernd quadratisch. Die Zahl Vier ist in ihrer Symbolik zugleich eine „irdische Zahl". So gibt es auf der Erde die vier Himmelsrichtungen, die vier Elemente.

Der Würfel ist ein Quadrat, zu dem die dritte Dimension hinzukam, er ist räumlich gesteigert. Er ist Bauelement und gibt Stabilität.

Quadrat und Würfel vermitteln jedoch nicht nur Sicherheit im Hier und Jetzt. Sie können auch Eingesperrtsein bedeuten. Die Gefängniszelle hat diese Grundform. Hier sind wir Gefangene. Die quadratischen Kreuzhöfe in Klöstern dagegen, laden zum Durchschreiten ein. Sie geben uns Ruhe und die Möglichkeit zum Rückzug.

Otto Betz schreibt: „Es ist gut, dass es das Viereck, das Quadrat und den Würfel gibt. Sie erinnern uns an das Geradlinige und dauerhaft Gefügte. Augustinus nahm sogar an, das Quadrat wäre ein Symbol der Gerechtigkeit: Jede Seite hat ihr eigenes Gewicht, keine wird bevorzugt, so wie in einer gerechten

menschlichen Gemeinschaft jeder das Seine, das ihm Gemäße, bekommen soll. – Aber es ist auch gut, dass es neben dem Quadrat noch ganz andere Grundformen gibt, wie den Kreis, das Sechseck und das Oktogon" (in: In geheimnisvoller Ordnung, 1992).

Das Kreuz

Das Kreuz verbinden wir meist mit dem Christentum. Es ist jedoch schon ein viel älteres Symbol. Schon im Neolithikum taucht es in Felsritzzeichnungen auf. Häufig ist es auch von einem Kreis umgeben – ein Symbol für „Mensch im Kosmos".

Vermutlich haben Kreuze mit dem Sonnenzeichen zu tun. Das Hakenkreuz, das ein altes hinduistisches Symbol ist, aber auch in vielen anderen Kulturen auftaucht, ist ein Symbol für Sonnenrad. Von den Nationalsozialisten wurde es furchtbar missbraucht und zum Machtsymbol.

Beim Kreuz treffen zwei Linien zusammen. Sie bilden einen Mittelpunkt stehen zueinander im rechten Winkel. In der Begegnung treffen zwei Grundrichtungen auf- und aneinander. Rechts und links und oben und unten. In der Mitte des Kreuzes läuft alles zusammen, es verbindet, aber es kann auch vom Mittelpunkt in die vier Himmelsrichtungen gehen. Das Kreuz steht somit auch als Symbol für Entscheidungen. Der Mensch, der am „Kreuzweg" steht, muss sich entscheiden. Es ist aber zugleich Ordnungs- und Orientierungszeichen.

Das Kreuz hat viele Bedeutungen. Es ist Lebenszeichen und Todeszeichen. Christus ist am Kreuz gestorben, aber nach dem christlichen Glauben ist der Kreuzestod mit dem Erlösungsgedanken verbunden. Das Kreuz ist sozusagen die Verbindung zwischen Himmel und Erde.

Wir verbinden die Kreuzform jedoch auch mit unserer leiblichen Form. Wenn wir die Arme ausbreiten und aufrecht stehen, bilden wir ein Kreuz. Es ist ein körperliches Ausbalancieren der Mitte. Wenn wir auf einem Balken stehend die Balance halten wollen, breiten wir die Arme aus.

Das Kreuz erinnert uns auch an den Baum. Es symbolisiert den Lebensbaum, der ein Zeichen der Hoffnung ist.

Das Dreieck

Beim Dreieck unterscheidet man die Stellung mit der Spitze nach oben oder nach unten. Das Dreieck mit der Spitze nach unten ist das Zeichen für die „weibliche Gottheit", das Dreieck mit der Spitze nach oben ist das Zeichen für die „männliche Gottheit". Bei alten Kultfiguren, Statuen von Muttergottheiten ist das Geschlecht oft mit einem weiblichen Dreieck betont. Die beiden Dreiecke haben aber auch noch andere Bedeutung: Das weibliche Dreieck wird dem Wasser zu-

geordnet, das männliche Dreieck dem Feuer. Es ist eine Form des Miteinander-verbunden-Seins, ein Begegnungszeichen. In der wunderschönen Form des sechszackigen Sterns, auch Salomonssiegel genannt, begegnen und verbinden sich die zwei Dreiecke. Darüber hinaus ist es ein Symbol der polaren Spannung und ein Zeichen der Gegensätze: Himmel und Erde, oben und unten, Gott und die Welt, sichtbar und unsichtbar, Feuer und Wasser. Ingrid Riedel schreibt: „Das Dreieck hat aber auch die Fähigkeit zur Balance von Kräften, die in der anderen Figuration vielleicht zu zerreißen drohten" (in: Formen, S. 7).

Die Spirale

Die Spirale ist die Urform des Lebens. Im vorangehenden Kapitel ist die vielfältige Erscheinung der Spirale auf der Erde und im Kosmos in vielen Beispielen beschrieben. Zugleich ist die Spirale ein uraltes Symbol. Sie hat auch mit Leben und Tod zu tun: Windet sie sich nach außen, symbolisiert sie den Prozess der Entfaltung von Leben. Nach innen gedreht zeigt sie uns den Weg des Rückzugs von allem Irdischen.

Das Zeichen der Spirale gibt es seit vielen Jahrtausenden. Ähnlich wie das Labyrinthsymbol hat die Spirale mit rituellen Initiationen zu tun. Die früheste in der Kunstgeschichte bekannte Spiralzeichnung wurde in einem rituellen Höhlengrab in Sibirien entdeckt. Dort wurde ein paläolithischer Talisman aus Mammutelfenbein gefunden, der Gravierungen in Form von Spiralen aufweist.

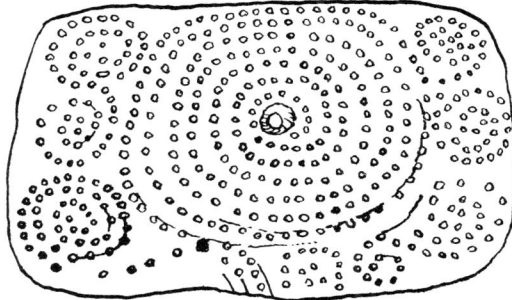

Talisman aus einem Höhlengrab in Sibirien (12.000 v. Chr.)

Dieses lebendige Zeichen, das wir auch in vielen Formen des Lebens finden, ist auch Zeichen für Entwicklung. In der auf- und absteigenden Spirale gibt es keinen Kreislauf. Mit jeder rhythmischen Wiederholung kommt man auf einer anderen Ebene an. In Indien wird die Erleuchtung mit dem „Erwecken der Kundalinikraft", die als eingerollte Schlange symbolisiert wird, verbunden.

Die Spirale gilt auch als Zeichen eines neuen kosmisch-menschlichen Bewusstseins. Interessant ist, dass in der heutigen Zeit, die als Beginn des Wassermannzeitalters betrachtet wird, die Spirale zu einer sehr häufig verwendeten Form in Kunst, Kunstgewerbe, Werbung, Architektur usw. geworden ist.

Teil II

Anregungen zum Spielen, Erleben, Zeichnen, Malen, Modellieren und Bauen

Die Phantasie, sagt Carl Gustav Jung, „erscheint bald als uranfänglich, bald als letztes und kühnstes Produkt der Zusammenfassung allen Könnens. Die Phantasie erscheint mir daher als der deutlichste Ausdruck der spezifischen psychischen Aktivität. Sie ist vor allem die schöpferische Tätigkeit, aus der die Antworten auf alle beantwortbaren Fragen hervorgehen, sie ist die Mutter aller Möglichkeiten, in der auch, wie alle psychologischen Gegensätze, Innenwelt und Außenwelt lebendig verbunden sind" (in: Gesammelte Werke, Bd. 6: Psychologische Typen, S. 53 f).

Otto Betz schreibt: „So schöpferisch die menschliche Phantasie auch ist, sie muss trotdem immer auf die Grundformen zurückgreifen, die uns in der inneren wie äußeren Natur vorgegeben sind.

Und wenn sie auch tausendfach abgewandelt und neu einander zugeordnet werden, so können sie trotzdem immer wieder als elementare Figuren erkannt werden" (in: In geheimnisvoller Ordnung, S. 10).

In diesem praktischen Teil des Buches findet man eine Fülle von Anregungen, die mit Kindern, Jugendlichen und Erwachsenen ausprobiert werden können. Es geht dabei immer um die Gestaltung mit Grundformen. Die verschiedenen Techniken zur Herstellung werden einzeln beschrieben und anhand von Abbildungen verdeutlicht. Bei manchen Vorschlägen, z. B. bei allen Kugeln, die aus Ton geformt sind (Klangkugeln, Paperweights, Duftkugeln), können verschiedene Techniken angewandt werden, die jeweils beschrieben werden. Durch Ausprobieren merkt man schnell, welche Herstellung jeweils am leichtesten fällt. Insgesamt sind die Arbeiten leicht durchführbar und alle mit Kindern erprobt.

Natürlich kann jeder die Vorschläge nach seinen Möglichkeiten und Ideen abwandeln. Hier kann und soll man kreativ sein. Die Kinder sind es auch. Obwohl wir im Kinderatelier sehr viel mit den genannten Urformen gestalten, ist jede Kinderarbeit einzigartig und nicht mit anderen zu vergleichen.

1. Eckige Formen

Kinder als kreative Baumeister

Große Schachteln als Verpackungsmaterial sind ideal zum Bauen und Bemalen. Mit einem scharfen Messer können Fenster und Türen hineingeschnitten werden. Wenn wir sie aufeinander stellen bekommen wir mehrstöckige Häuser, welche – damit die einzelnen Schachteln nicht verrutschen – mit einem breiten Paketklebeband aneinander geklebt werden.

Die Schachteln können wie Bausteine benutzt werden – es lassen sich tolle Anlagen bauen, die mit Farbe zu unserer Traumstadt werden.

Manchmal bekommt man genügend Kartons in der gleichen Größe – ideal für ein Riesenpuzzle. Sechs verschiedene Bildmotive (sechs Außenflächen) können darauf gemalt werden. Am besten benutzt man dazu Dispersionsfarben, die großflächig aufgetragen werden. Sie haben eine hohe Deckkraft. Jedoch lassen sie sich (einmal eingetrocknet) aus Pinseln und Kleidung nur schwer entfernen; sie sollten deshalb noch im feuchten Zustand ausgewaschen werden.

Schön ist es auch, die einzelnen Seiten verschiedenfarbig zu gestalten. Jeweils ein Quadrat bekommt eine bestimmte Farbe zugewiesen. Dann können wir loslegen. So entsteht dann beispielsweise ein blaues Bild (verschiedene Blautöne), ein rotes Bild, ein gelbes Bild, ein buntes Bild usw. Herrliche Farbkompositionen ergeben sich auch, wenn wir Bilder nach den Farben der Jahreszeiten komponieren.

Ein Zauberstein namens Pyrit

Ein Pyrit (man kann ihn in jedem Mineraliengeschäft kaufen) ist ein gold und silbrig schimmernder Stein – im Volksmund auch Katzengold genannt. Kinder mögen diesen Stein, weil er so schön schimmert und glitzert und sich ziemlich schwer und kühl anfühlt.

Pyrite findet man in bizarren Formen. Bekannte Formen sind z.B. die Pyrit-Sonne oder Mehrflächner wie Oktaeder oder Dodekaeder.

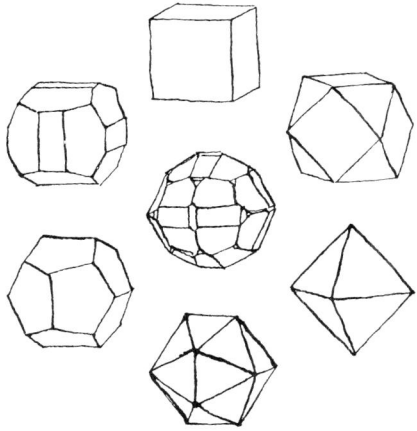

Besonders fasziniert sind Kinder von dem kubisch in Durchdringungen gewachsenen Pyrit. Pyrite findet man in Würfeln gewachsen. Sie wirken wie ausgeschnitten, sind es aber nicht. Oft wächst aus einem großen Würfel ein kleiner und ein noch kleinerer usw. Sie sind wunderschön und werden von den Kindern gerne in die Hand genommen. Wenn wir sie rundherum betrachten, sehen wir immer neue Gebilde. So ein besonderer Stein kann auch mal einen Ehrenplatz bekommen. Vielleicht wählen wir für den Jahreszeitentisch nicht nur Blumen, Blätter und Früchte nach der jeweiligen Jahreszeit aus, sondern überlegen uns, welcher Stein dazu passen könnte.

Die Menschen früher schrieben dem Pyritstein magische Kräfte zu und verehrten ihn als heiligen Stein. In der Edelsteintherapie heute wird der Pyrit als Heilstein für Erkrankungen der Luftwege benutzt.

Kästchenhüpfen

Kinder vieler Generationen kennen die bekannten Hüpfspiele wie Himmel und Hölle, Leiterhopsen und Wochenhopsen.

Dabei wird mit einem Kreidestück das Spielschema (es kann ein Rechteck oder ein Kreuz sein) auf das Pflaster gezeichnet oder mit einem Stöckchen in die Erde geritzt. Die Kinder hopsen nach bestimmten Regeln von einem Feld ins andere. Sie hüpfen z.B. auf dem rechten oder linken Bein oder mit gekreuzten Beinen. Manche Wege muss man blind gehen oder springen. Manchmal wird mit dem Fuß ein Stein vor sich her geschubst oder ein Stein wird auf dem Fuß, der Hand, dem Kopf, dem Rücken, dem Knie balanciert.

Leider sind diese Hüpfspiele etwas in Vergessenheit geraten. Der Bewegungsmangel, an dem Kinder heute leiden, sollte Grund genug sein, diese und andere Bewegungsspiele wieder zu beleben.

Magische Augen

In Völkerkundemuseen findet man oft geheimnisvolle Fadenkreuze. Sie hingen bei sogenannten Primitiven, z.B. in der Beratungshütte des Häuptlings. Sie sind meist aus zwei im rechten Winkel gekreuzten Stäben gebaut, die mit farbigen Schnüren bespannt sind.

Solche Kreuze werden auch gerne von Kindern angefertigt und „magische Augen" genannt. Hierfür nimmt man am besten zwei Schaschlikstäbchen, wobei man vorher die Spitzen abzwickt. Sie werden zum Kreuz gelegt und in der Mitte zusammengebunden. Dann wickelt man bunte Wollreste immer von einem Stäbchen zum nächsten weiter. Andere Formen, etwa Sechs- oder Achtecke, ergeben sich, wenn man mehrere Stäbchen in der Mitte zusammenbindet.

Bei der Auswahl der Garne kann jeder seine Lieblingsfarben aussuchen. Sehr schön ist es auch, wenn z.B. mit heller Wolle angefangen wird und die Abstufungen immer dunkler werden. Oder wenn man stark kontrastierende Farben aneinander setzt. Die Grundregel ist aber, dass jeder so viele Farben, wie er mag, auswählen darf.

Wenn viele dieser „magischen Augen" an einem Zweig hängen, sieht das ganz toll aus.

Mandalasterne aus Sperrholz

Größere Kinder können die Mandalasterne sehr einfach auf kariertem Papier entwerfen. Dabei kann man von der Grundform des Quadrats oder Dreiecks ausgehen. Die einfachste Art ist, die vier Seiten des Quadrats mit je einer Zacke zu ergänzen – oder zwei Quadrate werden so übereinander gezeichnet, dass das eine gerade, das andere aber auf der Spitze steht. Zwei Dreiecke können ebenfalls übereinander gezeichnet werden – eines mit der Spitze nach oben, das andere mit der Spitze nach unten.

Durch Spielen mit den geometrischen Grundformen Quadrat, Rechteck, Dreieck lassen sich viele verschiedene Entwürfe machen. Die Entwürfe werden mit Kohlepapier auf Sperrholzreste (ca. 3 mm dick) übertragen. Nach dem Aussägen mit der Laubsäge werden die Kanten mit Schleifpapier etwas nachgeschmirgelt und dann mit weißer Dispersionsfarbe grundiert. An einer Sternenzacke wird mit Hilfe eines dünnen Holzbohrers ein Loch gebohrt, durch das man später den Faden zum Aufhängen zieht. Mit bunten Plakafarben und Gold- und Silberbronze bemalt werden es richtige Kunstwerke.

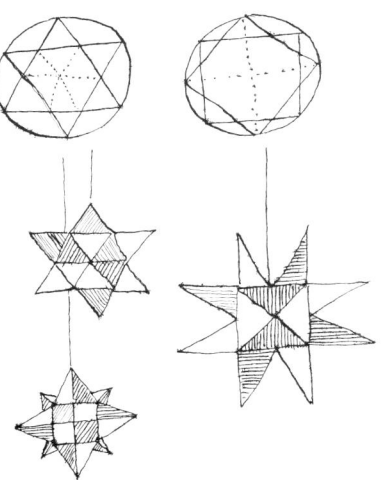

Gemusterte Tonplatten in den Farben Afrikas

„Die Farben Afrikas", so heißt ein wunderschöner Bildband (hrsg. von Margaret Courtney-Clarke, München: Frederking & Thaler 1993) über westafrikanische Lehmhäuser. In den abgelegenen Dörfern Westafrikas werden auch heute noch Häuser aus Lehm gebaut, die traditionell von den Frauen bemalt werden. Jedes Jahr kommen die Frauen nach der Ernte zusammen, um die Fassaden der Häuser neu zu gestalten.

Diese Technik wird immer von einer Generation zur nächsten weitergegeben. Die ornamentalen Muster sind traditionell und werden in wunderschönen sanften Erdfarben aufgetragen – oft direkt mit den Fingern oder mit Holzstäbchen. Als wir den Bildband betrachten, sind die Kinder begeistert! Inspiriert durch die Abbildungen rollen wir verschiedenfarbigen Ton zu Platten aus und schneiden diese in gleich große Quadrate (ca. 20 cm auf 20 cm). Am nächsten Tag, wenn die Platten lederhart sind, werden sie mit farbigen Engoben (pulvriger Ton mit Farboxyden, der zu einem dickflüssigen Brei angerührt wird, s. S. 65) bemalt, die nach dem Trocknen eingebrannt werden. Danach werden die Platten auf einen alten Tisch (mit Fliesenkitt) geklebt und verfugt. Eine Gemeinschaftsarbeit, die allen Spaß gemacht hat. Der Tisch ist ein wahres Kunstwerk geworden!

Wir „züchten" Kristalle

Kandiszucker am Bindfaden – eine süße Leckerei, die mit viel Spaß und Experimentierfreude leicht selbst hergestellt werden kann. Man braucht dazu nur einen kleinen Topf, in dem man das Wasser aufkochen kann, viel Haushaltszucker (etwa 600 g auf 150 ccm Wasser), einen Baumwollbindfaden, einen Strohhalm und ein Wasserglas.

Zuerst wird der Zucker in kochendes Wasser eingerührt. Irgendwann löst sich der Zucker nicht mehr auf: Diese sogenannte „gesättigte Lösung" füllen wir nach einigen Minuten in ein Glas um und lassen die Zuckerlösung ein wenig abkühlen. Dabei entsteht eine Zuckerschicht auf der Oberfläche, durch die wir den Baumwollfaden stecken. Das andere Ende des Fadens befestigen wir an einem Strohhalm, den wir über den Glasrand legen.

Beim Eintauchen des Fadens bemerken wir, dass einzelne, winzige Kristalle an dem Faden hängenbleiben. Nach einigen Tagen sind diese zu beachtlichen Klumpen herangewachsen. Man braucht also etwas Geduld, bis man die süße Leckerei „ernten" kann (s. Foto S. 99).

Schneller geht es, wenn man eine Kochsalzlösung mit den Kindern herstellt. Sie wird genauso wie die Zuckerlösung angerührt. Wir nehmen aber statt Zucker die gleiche Menge Speisesalz. Diese Kochsalzlösung tragen wir auf eine kleine Glasplatte oder einen Glasteller auf. Beim Verdunsten des Wassers entstehen winzige Kristalle.

Wir können das Experiment auch mit einem feinen, langen Haar machen, an das mit etwas Geschick ein Salzkristallsplitter geknotet wird. Dann wird es in gesättigte Salzlösung gehängt – und schon nach einem Tag sind Salzkristalle daran gewachsen. (Für optische Effekte kann man das Wasser vorher färben.)

Ein Fünfeck aus einem Papierstreifen

Das Fünfeck oder Pentagramm ist eine der vollkommensten Formen, die wir kennen. Es wird allgemein als „schöne Form" empfungen. Die Rose, die viele als die schönste Blume bezeichnen, hat fünf Hauptblätter, die spiralig in fünf Ansätzen wachsen – in der Fläche gesehen ist es ein Sternfünfeck. Wenn wir die Blütenblätter einer Heckenrose abzählen, sind es fünf, ebenso bei den Apfel-

blüten … Ein Ahornblatt, eine Blattform, die Kinder sehr lieben, hat fünf Spitzen, das Himbeerblatt fünf Blätter, die sternförmig aus einem Ansatz wachsen. Einmal darauf aufmerksam gemacht, entdecken die Kinder diese Fünfzahl in vielen Pflanzen.

Eine Überraschung erleben wir, wenn wir einen Apfel quer zum Stengel durchschneiden: In beiden Schnittflächen des halbierten Apfels sehen wir einen Fünfeckstern.

Spannend ist es für die Kinder auch, einen einfachen weißen Papierstreifen wie einen Knoten zu schlingen. Wir ziehen vorsichtig an den beiden Enden des Papierstreifens und drücken die Papierschlinge dann behutsam flach. Dabei entsteht ein regelmäßiges Fünf-eck, das, wenn wir es gegen das Licht halten, einen gefalteten Fünfeckstern erscheinen lässt.

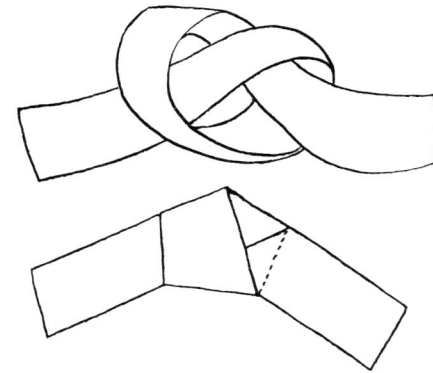

2. Runde Formen

Ein Flusskiesel in meiner Hand

Wir alle kennen das: Wir laufen am Strand oder Fluss entlang und voller Begeisterung sammeln wir viele der so schön glänzenden Kieselsteine. Es gibt sie in zahllosen Farbschattierungen. Das Wasser hat sie gerollt, geschliffen, verschönert. Viele Jahrtausende haben sie hinter sich. Wenn unsere gesammelten Schätze in der Sonne trocknen, werden sie heller und matt. Im Garten zu Hause können sie in eine flache Schale mit Wasser gelegt werden und sie glänzen wieder leuchtend farbig. Man kann die Kieselsteine auch mit etwas Olivenöl einreiben. Sie fühlen sich dann angenehm an und bekommen einen schönen matten Schimmer. Vielleicht wird unser Lieblingsstein zu unserem Handschmeichler, den wir immer bei uns tragen.

Dazu gibt es auch ein schönes Lied von Dorothée Kreusch-Jacob (in: Dorothée Kreusch-Jacob, Lieder aus der Stille, Düsseldorf: Patmos Verlag, 5. Aufl. 1996, S. 42):

1. Kieselstein, Zauberstein,
   sag, wo kommst du her?
   Schliefst du unter Wurzeln?
   Kommst du aus dem Meer?
   Kieselstein, Zauberstein,
   sag, wo kommst du her?

2. Kieselstein, Zauberstein,
   was hast du gesehn?
   Erdendunkel, Sterngefunkel,
   Berge, Flüsse, Seen?
   Kieselstein, Zauberstein,
   was hast du gesehn?

3. Kieselstein, Zauberstein,
   sag mir was ins Ohr!
   Sing mir leise Windmusik
   und Wasserlieder vor!
   Kieselstein, Zauberstein,
   sag mir was ins Ohr!

4. Kieselstein, Zauberstein,
   was kannst du mir geben?
   Einen kurzen Augenblick
   aus deinem langen Leben?
   Kieselstein, Zauberstein,
   was kannst du mir geben?

5. Kieselstein, Zauberstein,
   ich fühl dich in meiner Hand
   und male meinen Namen
   mit dir in den Sand.
   Kieselstein, Zauberstein,
   ich fühl dich in meiner Hand.

Nach einer Steinwanderung lassen wir uns von einem alten Indianerbrauch inspirieren: Jeder malt ein einfaches Zeichen auf einen Stein. Das kann ein Kreuz, ein Kreis, eine Spirale, ein Stern, Punkte oder Striche sein. Die Steine haben sich nun verwandelt und werden in die Mitte des Kreises gelegt. Wer etwas sagen möchte, darf sich einen Stein nehmen. Der Redner hält seinen Stein in der Hand. Solange er ihn hält, darf ihn niemand unterbrechen (Idee nach: Susanne Stöcklin-Meier, Kinder brauchen Geheimnisse, München: Kösel 1996).

Auf Steinen kann man auch gut balancieren oder damit bauen. Steine aufeinander zu legen erfordert schon recht viel Geschick und Geduld. Wer kann den höchsten Steinturm in der flachen Hand aufbauen? Das ist eine gute Balance- und Koordinationsübung.

Ein Tropfen fällt ins Wasser

Wer liebt dieses Spiel nicht? Wir werfen einen Kieselstein mitten in den See und nach dem Auftreffen auf der ruhigen Wasserfläche entsteht ein Ring auf dem Wasser und wieder einer und … Viele konzentrische Wellenkreise entstehen. Einer wächst aus dem anderen. Ein bewegtes und doch ruhiges und beruhigendes Bild, das uns so gut tut wie ein Mandala.

Die Rose von Jericho

In Naturkostläden kann man manchmal eine besondere Wüstenpflanze kaufen: die „Rose von Jericho". Sie sieht sehr unscheinbar aus, fast wie eine trockene grau-braune Reisigkugel. Der Wind hat die Pflanze von der Wurzel weggerissen, sie trocknet aus und rollt sich zusammen. Diese runde Form treibt der Wind über lange Strecken „rollend" über die steinige, trockene Wüste. Man nennt diese Pflanze deshalb auch Steppenhexe.

Finden diese Pflanzen Wasser, ergrünen sie innerhalb kurzer Zeit. Sie entfalten sich und man kann beobachten, dass die staubtrockene Wüste im Morgentau grün und saftig wirkt. Wenn die Tageshitze zunimmt, rollen sich die Pflanzen wieder zusammen und werden wieder grau-braun und dürr. Dieses „Wunder" kann man immer wieder von neuem erleben und man erzählt sich viele Sagen von dieser Pflanze mit den erstaunlichen Fähigkeiten. Manchmal wird die Pflanze auch Marienrose genannt und man sagt, dass in dem Haus, in dem sie ergrünt, immer Friede herrscht.

Wenn die Kinder die Pflanze das erste Mal „zu Gesicht bekommen", bitte ich sie, die Augen zu schließen und gebe ihnen die trockene Pflanze in beide Hände. Die Kinder schnuppern daran, nehmen einen Geruch wie Heu wahr und finden das, was sie in den Händen halten, ein bisschen stachlig, kratzig, rau und sehr leicht.

Wenn wir diese Wüstenpflanze in eine flache Schale, die wir mit Wasser gefüllt haben legen, riecht es plötzlich ein wenig nach Moos und schon nach kurzer Zeit (etwa einer halben Stunde) sehen wir, wie die Pflanze grün wird und die zusammengerollten Blätter und Stiele sich strecken und die Pflanze sich öffnet und breitflächig ausrollt. Nach zwei bis drei Stunden ist die Rose von Jericho ganz „erblüht", saftig grün und fast flach liegen die Blätter in der Schale.

Wir sehen eine rosettenartige, manchmal spiralige Anordnung der vielen Blätter. Wenn wir die Pflanze dursten lassen, trocknet sie wieder aus und rollt sich abermals zur Kugel zusammen. Wir können diese „Wunderblume" lange aufheben und ihr immer wieder neues Leben geben.

Die Zauberwelt in der Glaskugel

Murmeln und schöne Kugeln faszinieren Kinder immer sehr. Es gibt in guten Spielwaren- oder Kunstgewerbeläden manchmal größere geschliffene Glaskugeln zu kaufen. Sie sind leider nicht ganz billig. Acrylglaskugeln sind preisgünstiger, sie können zwar nicht brechen, zerkratzen aber leicht.

Für die Kinder ist es ein schönes Spiel, so eine große durchsichtige Kugel ganz vorsichtig über ein interessantes Muster zu rollen. Es entstehen phantastische Bilder, die sich immer wieder verändern. Das Muster vergrößert sich, dehnt sich aus und verschwindet wieder.

Wenn man die beiden Hände wie eine Schale formt und die Kugel nimmt, spürt man ihre schöne, runde, glatte, harmonische Form (s. Foto S. 53).

Plötzlich entdecken wir, dass wir unsere Hände wie durch eine große Lupe betrachten können. Unsere Handlinien sehen wir riesengroß und erleben das feine Spiel der vielen Falten und Linien. Man sieht so sehr gut, dass die zarten Linien an den Fingerkuppen spiralig angeordnet sind.

Wenn wir die Umgebung durch die Kugel ansehen, sind wir überrascht: Die Welt steht auf dem Kopf! Oben und unten und links und rechts sind vertauscht! Wir finden, es ist keine Wahrsagekugel, aber eine Zauberkugel!

Eine Kugelsammlung

In unserem Kinderatelier haben wir für die Kinder und mit den Kindern viele Kugeln gesammelt. Sie bestehen aus ganz verschiedenen Materialien, sind groß oder klein, schwer und leicht … Manche fühlen sich rauh an, andere sind glatt poliert; einige sind kalt, wenn wir sie in die Hände nehmen, andere spüren wir in der Hand ganz warm. Wir empfinden hart und weich, manche klingen sogar. Den schönsten Klang hören wir, wenn wir eine Silberkugel hin und her rollen – ein Ton wie von vielen Silberglöckchen. Eine Kugel in gleicher Größe, aber aus Kupfer oder Chromstahl hört sich ganz anders an. Die silbernen Klangkugeln sind kostbar und deshalb nicht billig. Es gibt aber auch schöne preiswerte Qi-Gong-Kugeln zu kaufen.

In einer besonderen Schale haben wir die ungewöhnlichsten und interessantesten Kugeln gesammelt. Wir finden viele verschiedene Materialien: Es gibt harte, sich kühl anfühlende Kugeln aus Ton, Glas, Marmor, Alabaster, Jade, Rosenquarz, Pyrit. Eine besonders schöne nachtblaue Lapislazulikugel ist mit vielen feinen Goldadern durchzogen, eine Fluoridkugel schimmert farbig-transparent und wir sehen in ihr interessante Formen und Farben. Weiche Kugeln sind aus Filz, Seegras, Schaumgummi, Gummi …

Schön sind auch Kugeln aus verschiedenen Hölzern. Wir spüren nur durch das Abtasten die Unterschiede in Maserung, Oberfläche und Gewicht.

Eine eigenartige Kugel hat mir ein Kind aus Dänemark mitgebracht. Es ist eigentlich ein Flusskiesel, den das Meer zu einer vollkommen runden Form geschliffen und geglättet hat. An der glattpolierten Oberfläche finden wir einige kleine Löcher und wenn wir die Kugel rollen oder schütteln, hören wir ein Geräusch wie bei einer kleinen Rassel. Diese Steinkugel scheint innen hohl zu sein und hat ein geheimnisvolles Innenleben.

Manchmal machen wir eine Tastübung, zu der wir Kugeln auswählen, die alle die gleiche Größe haben. Die Erfahrung hat gezeigt, dass vier Zentimeter Durchmesser ein geeignetes Maß sind. Diese Größe kann von einer Kinderhand gut umschlossen und erfasst werden. Die Kinder sind ganz erstaunt, wenn sie verschiedene Kugeln nacheinander in die Hände gelegt bekommen. Die verschiedenen Materialqualitäten werden mit großer Aufmerksamkeit erlebt.

Spaß macht es auch, die verschiedenen Kugeln über ein Glockenspiel oder Xylophon rollen zu lassen. Jede Kugel macht ihre eigene Musik. Dies können wir auch ausprobieren, wenn wir die Kugeln abwechselnd und vorsichtig in einer großen flachen Schale (z.B. auf einem runden Tablett) rollen lassen. Ein wunderschönes Kugelspiel mit verschiedenen Grundmaterialien wie Stein, Holz, Metall, Filz, Kork, Gummi, Glas und Plexiglas liefert die Firma Dusyma (s. Anhang S. 118).

Bälle aus Papier

Dies ist die einfachste und preiswerteste Art, Bälle mit Kindern herzustellen. Ein großer Bogen Zeitungspapier wird in einer Schüssel mit Wasser eingeweicht. Das nasse, weichgewordene Papier wird ausgedrückt und zwischen den Händen zu einem Ball gedrückt. Soll der Ball noch größer werden, werden mehrere nasse Papiere übereinander geschichtet. Für die letzte Papierschicht nehmen wir kleingerissene weiße Papierschnipsel, die wir mit Kleister auf den Papierball kleben. Nun kann noch farbiges Seidenpapier aufkaschiert werden oder die weißen Papierbälle werden nach dem Trocknen bemalt.

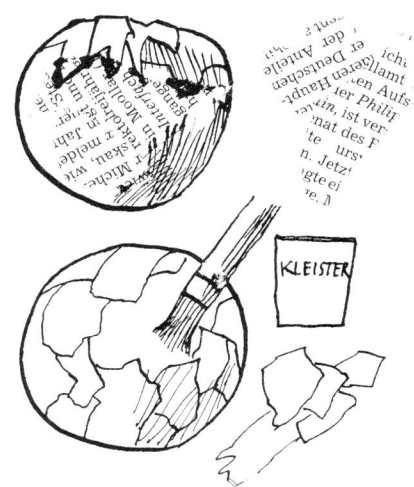

Duftkugeln

Ein herrliches „Schnupperspiel" lässt sich aus verschiedenen Duftkugeln aus Keramik machen. Einzeln sind sie auch ein schönes Geschenk.

Zuerst knüllen wir aus Zeitungspapier ein Knäuel. Damit das Ganze besser hält und sich nicht wieder auflöst, wickeln wir zum Fixieren der Papierkugel noch etwas Krepp-Klebeband darum herum. Aus kleinen Tonstückchen, die wir flachdrücken (etwa fingerdick) machen wir eine Tonhülle um die Papierkugel. Dabei achten wir darauf, dass die Übergänge mit den Fingern gut verstrichen werden.

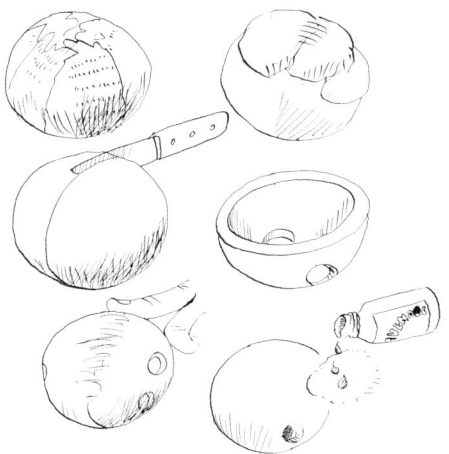

Anschließend lassen wir die Tonkugel ein wenig antrocknen und halbieren sie mit einem Messer. Die Papierkugel nehmen wir aus den beiden Hälften – wir brauchen sie jetzt nicht mehr. In eine der Kugelhälften bohren wir zwei Löcher mit 1 bis 2 cm Abstand dazwischen. Sehr gut geht das mit einem Apfelkernausstecher. Die beiden Tonkugelhälften werden zusammengesetzt und mit Schlicker (flüssiger Tonbrei) sehr gut verstrichen. Wenn man will, kann man mit Holzstäbchen vorsichtig Muster in den weichen Ton drücken. Nach dem Trocknen (und möglichst auch Brennen) können wir die Kugel mit Wasserfarben bemalen. Auf einen Wattebausch geben wir ein paar Tropfen ätherisches Öl und stecken es in die Kugel. Der Duft kann sich nun entfalten.

Schön ist es, wenn man für ein Duftspiel mit mehreren Kugeln verschiedene Öle besorgt: Zitrone und Orange sind frische Düfte, Lavendelöl entspannt und beruhigt, Zimt riecht nach Weihnachten, Fichtennadel oder Kiefer haben einen harzigen Geruch, Vanille und Rose riechen süß und Ylang-Ylang duftet blumig.

Durch die beiden Löcher in der Duftkugel wird ein buntes Band gezogen. Nun kann man die Duftkugel auch aufhängen und schon kann die Nase auf Schnupperreise gehen.

Blätterkugel

Der Bildband über den Land-Art-Künstler Andy Goldsworthy (Frankfurt: Zweitausendeins 1991) löste bei den Kindern Begeisterung aus. Andy Goldsworthy arbeitet mit

Naturmaterialien, die er sammelt und für seine Objekte verwendet. Viele seiner Arbeiten sind vergänglich. Er hat sie alle fotografiert und es gibt phantastische Bildbände über seine Arbeit. Sie mit Kindern zu betrachten kann sehr anregend sein.

Goldsworthy gestaltet mit Naturmaterialien, die wir alle kennen: Steine, Erde, Holz, Schnee, Eis, Blüten, Zweige … Seine gelegten Blätterbilder und Objekte haben es uns besonders angetan. Wir versuchen es auch im Kleinen und legen Muster und Strukturen aus gesammelten Blättern in allen Herbstfarben.

Wenn wir Objekte mit Blättern kaschieren wollen, brauchen wir diese nicht aufzukleben. Wir müssen sie lediglich in Wasser tauchen und so nass wie sie sind, bleiben sie auf dem Untergrund haften. Wir versuchen es mit Gymnastikbällen: Die Blätter bleiben gut auf dem Ball haften und es entstehen herrliche Objekte. Die Kugeln sehen aus, als würden sie nur aus Blättern bestehen (s. Foto S. 52). Manche Kinder geben der Kugel den Platz in der Mitte und legen aus vielen Blättern ein Mandala um diesen Mittelpunkt.

Mandalakugel

In Bastelabteilungen bekommt man Pappkugeln, die aus zwei Hälften bestehen und zusammengesetzt werden können, zu kaufen. So eine einfache Pappkugel kann mit einem besonders schönen Mandalamuster bemalt

werden und wird so sehr kostbar. Vielleicht bekommt sie noch einen geheimnisvollen Inhalt?

Gewürzkugeln

Eine alte Tradition ist es, in der Adventszeit mit den Kindern Orangen und Mandarinen mit Gewürznelken zu verzieren. Die Zitrusfrüchte werden mit den Gewürznelken bespickt. Ganz leicht geht das, wenn man mit einer Stricknadel die Löcher etwas vorsticht. Die Gewürznelken können in verschiedenen Mustern eingedrückt werden; sie dürfen aber nicht zu nahe beieinander sein, damit die Schale nicht platzt. Die Früchte behalten lange ihren würzig-zitronigen Duft und sind schön anzusehen.

Glitzernde Kugeln

Eine gute Idee: selbstgemachte, unzerbrechliche Christbaumkugeln. Dazu wird Zeitungspapier zu einer festen Kugel gedrückt. Damit das Papier „in Form" bleibt, wickeln wir um die Papierkugel etwas Krepp-Klebeband. Dabei befestigen wir schon einen dünnen Goldfaden, an dem die Kugel aufgehängt werden kann. Weißes Papier reißen wir in kleine Stücke, bestreichen es mit Kleister und kleben es in zwei bis drei Schichten auf den Papierball. Für die letzte Schicht nehmen wir Glitzerpapier. Wenn wir Marvin-Kleber (ein spezieller Bastelleim, der auch als Lack verwendet werden kann) nehmen, können wir die Kugel anschließend gleich damit lackieren. Auf die noch feuchte, frisch lackierte Kugel streuen wir farbigen Glimmer. Aufgehängt müssen unsere prächtigen Kugeln ein paar Tage trocknen.

Eine weitere Technik: Alte Tennisbälle werden mit Alufolie umwickelt. Über diese Schicht werden zwei bis drei Lagen gerissene und eingekleisterte Papierschnipsel geklebt. Nach dem Trocknen schneidet man die Papierballhülle mit einem scharfen Teppichmesser auf – aber nicht ganz. Man lässt die zwei Halbkugeln noch an einer etwa 2 cm breiten Stelle aneinander. Der Tennisball kann nun aus dem geöffneten Papierball genommen werden. Wir brauchen ihn jetzt nicht mehr. Die Papierkugel wird an der Schnittstelle wieder zusammengeklebt. Das macht man am besten ebenfalls mit Papierschnipseln und Kleister. Dabei wird ein goldener Faden mit eingeklebt. Nun kann die Kugel mit Gold- und Silberpapier und Glimmer verziert werden.

Runde Indianersteine aus Ton

Abgerundete Flusskiesel sind bei fast allen Kindern – und auch bei uns Erwachsenen – begehrte Sammelfundstücke. Sie liegen angenehm weich, rund und geglättet in der Hand, einer schöner als der andere. Durch die feinen Adern, die durch viele Steine laufen, ist jeder ein kleines Kunstwerk für sich. In Indien gibt es heilige Steine („Shiva Lingnam"), die sehr verehrt werden. Nach indianischer Überzeugung sind Steine Abbilder der Schöpfung. Die runde Form symbolisiert die Erde, den Flusslauf, den Regenbogen. Viele Menschen mögen Steine. Manche tragen als Talisman oder Handschmeichler einen besonders schönen Kieselstein bei sich. Rund und angenehm glatt werden unsere „Indianersteine", wenn wir sie nach folgender Anleitung herstellen: Die Kinder formen aus einem Tonklumpen eine Kugel, die mit einem Draht in zwei oder mehrere Teile geschnitten wird. Aus einem andersfarbigen Ton rollt man dünne Wülste aus, die zwischen die Ränder der geschnittenen Kugel gedrückt werden, um so die andersfarbigen Adern darzustellen. Die Kugelteilstücke werden zusammengedrückt und die „Nähte" verstrichen. Eine Weile müssen die Kugeln zum Trocknen auf einem Brettchen liegen bleiben. Wenn sie lederhart sind, sich also noch etwas kühl und leicht feucht anfühlen, werden sie weiterbearbeitet. Wir nehmen einen feinporigen, flachen, rundgeschliffenen Kieselstein und polieren damit unseren Tonstein, der dabei eine seidig schimmernde Oberfläche bekommt. So schön poliert brauchen die Indianersteine gar nicht mehr gebrannt zu werden.

Paperweights aus Ton

Paperweights sind Briefbeschwerer, meist aus Glas in kugelig-runder Form. Paperweights herzustellen hat vor allem Glaskünstler immer wieder gereizt. Aber auch unsere aus Ton geformten Paperweights können sich sehen lassen. Engobiert (s.u.) und glasiert wirken sie richtig kostbar.

Aus zwei im Durchmesser ca. 4 bis 10 cm großen Tonkugeln werden zwei gleich große Daumenschälchen geformt. Dies ist die einfachste Art, ein Gefäß aus Ton herzustellen. Mit dem Daumen wird in die Mitte der Tonkugel eine Vertiefung geformt. Nun wird von innen mit dem Daumen, von außen mit den anderen Fingern dagegengedrückt. Allmählich entsteht die Form einer Schale. Man sollte möglichst gleichmäßig arbeiten, der Ton soll überall gleich dick (ca. 1 bis 2 cm) sein. Die beiden Schälchen sollten in Größe und Durchmesser gleich groß gearbeitet sein, damit beide Schalen gut zu einer Kugel zusammengesetzt werden können. Am besten bestreicht man den Schalenrand mit weichem Tonschlicker (mit Wasser vermischter Ton). Dann wird die Nahtstelle gut verstrichen, bis der Riss nicht mehr zu sehen ist. Dabei kann man auch weichen Ton auf

die Naht drücken und nach oben und unten mit den Fingern verstreichen. Ist die Kugelform gelungen, drückt man die Tonkugel leicht auf eine Unterlage, so dass sie unten etwas abgeflacht wird und gut stehen kann. Mit einem Schaschlikstäbchen wird in die flache Unterseite ein kleines Loch gestoßen, damit beim Brennen die heiße Luft entweichen kann. Wenn man dies vergisst, zerbricht die Kugel beim Brennen!

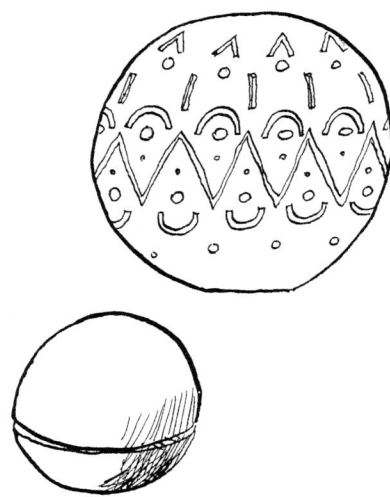

Auf kleine Brettchen gelegt, warten die Tonkugeln aufs Engobieren. Das macht man am besten am nächsten Tag, wenn die Tonkugeln „lederhart" geworden sind. Die Engobe trocknet sehr schnell. In die trockene Engobe können mit einem Nagel Muster und Formen eingekratzt werden.

Wenn die Kugeln völlig trocken sind, können sie gebrannt werden. Durch das erste Brennen (Schrühbrand) bei Temperaturen um 900 Grad werden die Keramiken fest wie Stein und der Ton bekommt seine typische Farbe, z.B. ziegelrot oder manganbraun. Nach dem Schrühbrand werden die Kugeln in transparente Glasur getaucht und noch einmal bei ca. 1060 Grad gebrannt.

Stichwort Engobieren (oder Tonschlickermalerei): Die Engobe besteht aus pulvrigem Ton, der mit Farboxyden vermischt ist. Diese farbigen Engoben gibt es im Keramikfachhandel fertig zu kaufen. Sie müssen nur noch mit Wasser vermischt werden, bis der Engobenbrei eine dickflüssige Konsistenz hat. Die Engobe wird (z.B. mit einem Pinsel) auf das Töpferstück aufgetragen, wenn dieses noch nicht ganz durchgetrocknet ist, sondern sich an der Oberfläche noch leicht feucht und kühl anfühlt. Der Töpfer nennt dies „lederhart". Beim Trocknen verbindet sich die Engobe mit dem Ton und wird mit eingebrannt.

Wurfbälle mit „Feuerschweif"

Aus einem großen Stück Filz schneiden wir ein kreisrundes Stück aus (Durchmesser ca. 20 cm). Wir nehmen es an den Rändern hoch, so dass eine Art Säckchen entsteht, das wir mit feinem Sand füllen und anschließend mit einer farbigen Kordel fest umwickeln und verknoten. Mit einer Zick-Zack- oder

Wellenschere schneiden wir lange schmale Bänder aus buntem Filz. Diese nähen wir mit ein paar Stichen an dem Ball fest.

Mit diesen Bällen lässt sich gut werfen. Es sieht wunderschön aus, wenn die „Kometenbälle" hochgeworfen werden und der leuchtend bunte Schweif in der Luft tanzt. Diese Bälle sind für die Kinder auch leicht zu fangen, denn man kann sie auch an den langen Bändern packen. Lustig ist es, wenn sich zwei Kinder gegenüberstehen und einander gleichzeitig ihren Ball zuwerfen, dann kreuzen sich die beiden farbigen Bälle in der Luft. Oder wir versuchen, die Bälle durch den „Feuerreifen" (das kann ein mit Krepppapier umwickelter Hula-Hoop-Reifen sein) zu werfen.

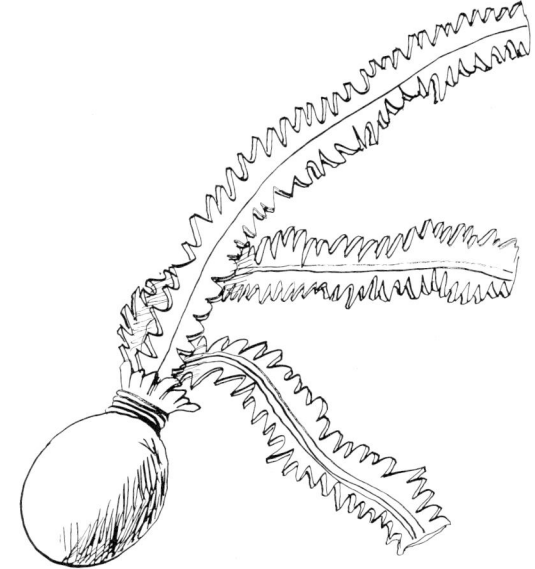

Klangkugeln aus Ton

Wir nehmen einen genügend großen Ton-klumpen in beide Hände, so dass wir einen entsprechend großen Ball aus dem weichen Ton formen können. Diese Kugeln lässt man in einem kühlen Raum über Nacht liegen, damit für den nächsten Arbeitsschritt der Ton nicht mehr zu weich ist. Am nächsten Tag schneiden wir mit dem Küchenmesser den Tonball in beide Hälften und höhlen die beiden Halbkugeln mit einem Löffel so aus, dass zwei Schalen entstehen. In eine der bei-den Schalen streuen wir ein wenig feinen Sand und legen ein oder mehrere Tonkügel-chen, die wir aus der herausgeschabten Mas-se geformt haben, hinein. Die Ränder der beiden Hälften bestreichen wir mit Ton-schlicker (das ist ein dünner Tonbrei, der be-wirkt, dass die Teile besser aneinander kle-ben). Anschließend verstreichen und glätten wir die Nahtstelle, bis sie nicht mehr zu se-hen ist. Nun müssen wir mit einem dünnen Nagel noch ein kleines Loch in die Tonkugel stechen, damit beim Brennen die Luft ent-weichen kann. Kleine Tonkügelchen zum Füllen ergeben einen hohen, hellen Ton. Wird die Klangkugel mit einer größeren Ku-gel gefüllt, bekommt man einen dunkleren, lauteren Ton.

Nach dem Brennen können wir die Klang-kugeln noch bunt bemalen und anschließend lackieren.

Klangkugeln aus Ton können auch noch nach einer anderen Technik, wie sie im Ab-schnitt „Duftkugeln" (S. 61) beschrieben ist, angefertigt werden. Für manche Kinder ist diese Technik leichter, weil die Kugeln dann nicht ausgehöhlt werden müssen.

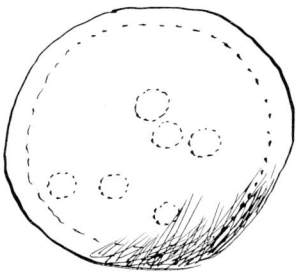

Bälle filzen

Filzen hat eine alte Tradition, ist aber heute zu einem modernen Handwerk geworden. Das Filzen mit Kindern hat auch heilend-therapeutische Wirkung. Die Kinder erleben den Herstellungsprozess und die Materialien sehr intensiv über ihre Sinne. Da ist die wei-che Schafwolle, die man gerne anfasst und zwischen den Fingern zupft. Beim Arbeiten spürt man das natürliche Wollfett angenehm zwischen den Händen. Die naturfarbene Schafwolle gibt es bereits gereinigt zu kau-fen. Zum Verschönern nimmt man am bes-ten mit Pflanzenfarben eingefärbte „Mär-chenwolle". Schafwolle, die man direkt vom Schäfer holt, muss normalerweise noch ge-waschen werden. Man macht dies mit viel kaltem Wasser.

Bequemer ist es, die schon gereinigte Wolle zu nehmen. Man zupft die Schafwolle zuerst in Wollstreifen, die man dann möglichst fest kreuz und quer wickelt. (So ähnlich, wie unsere Großmütter ein Wollknäuel aufgewickelt haben). Nur dass wir beim Filzen keinen Wollfaden verwenden, sondern 2 – 3 cm breite Wollstreifen. Lediglich die äußersten Schichten werden mit der farbigen Märchenwolle umwickelt. Einfacher ist es für kleinere Kinder, wenn sie die Schafwolle über vorbereitete kleine Papierbälle, welche vorher aus nassem Papier geknüllt wurden, wickeln.

Will man eine gefilzte Klangkugel herstellen, umwickelt man eine Schellenkugel oder eine Walnuss. Die Walnuss muss vorher geöffnet werden. Wenn man es vorsichtig mit einem stabilen Messer macht, bekommt man zwei Hälften. In die hohle Walnussschale gibt man ein Glöckchen oder kleine Steinchen und klebt die zwei Hälften so gefüllt wieder zusammen. Diese Walnuss wird nun fest mit Schafwollstreifen umwickelt.

Anschließend beginnen die Vorbereitungen zum eigentlichen Filzen. Kernseifenreste werden mit der Käsereibe aufgeraspelt. Das macht den Kindern viel Spaß! Die so hergestellten Seifenflocken werden mit warmem Wasser zu einem Brei vermischt. (Man kann auch flüssige Schmierseife nehmen.) Nun nimmt man den weichen Schafwollball vorsichtig in eine Hand und lässt sehr warmes Seifenwasser auf ihn „regnen". Am besten geht das mit einem Plastikgefäß zum Wäscheeinspritzen. Vorsichtig wird der nasse Ball zwischen beiden Händen gedrückt. Am Anfang sieht er etwas schrumpelig aus, aber keine Angst, er wird, wenn man fleißig weiterarbeitet, schön glatt. Bald verfilzen sich die einzelnen Wollfasern durch das Seifenwasser (deshalb nicht mit Seife sparen und das Wasser so heiß machen, wie es den Kindern noch angenehm ist) und der Ball wird immer fester. Richtig verfilzt ist er, wenn man die Fasern nicht mehr zupfen kann. Nun kann der Ball gewalkt werden. Das heißt, dass der Ball mit kräftigem Druck auf einem aufgerauhten Untergrund (Waschbrett oder Gummiautomatte) gerollt wird. Nun schrumpft der Ball noch mehr und wird immer härter. Das Schrumpfen und Festwerden passiert hauptsächlich beim Walken – eine Technik, die von den Kindern am Anfang viel Kraft und Ausdauer fordert. Beim Wickeln der Schafwolle dagegen muss man sensibel und sorgfältig arbeiten. Hier erleben die Kinder den schönen sinnlichen Eindruck der weichen Schafwolle. Und mit viel Wasser und noch mehr Schaum zu spielen, macht allen großen Spaß. Es ist eine Technik, die man im Sommer auch gut draußen durchführen kann oder aber im Zimmer – am besten in großen, flachen Wannen (z.B. Fotowannen). Nach der Filzphase mit dem heißen Wasser lasse ich die Kinder ihre Bälle noch im kalten Wasser auswaschen, damit Seifenreste entfernt werden. Die Kinder erleben beim Filzen ein Spiel der Gegensätze: weich – hart, trocken – nass, heiß – kalt. Und die Ergebnisse können sich sehen lassen (s. S. 53).

Wir bauen einen „Sonnenball"

Dazu brauchen wir einen alten, aufblasbaren Wasserball, der mindestens 30 cm Durchmesser hat. Zeitungspapier reißen wir in etwa handtellergroße Stücke und kleben es mit Tapetenkleister in drei bis vier Schichten auf den Ball. Die letzte Schicht soll weißes Makulaturpapier sein. Dann können wir den Ball sonnengelb bemalen oder noch eine Schicht gelbes Seidenpapier aufkleben. Nach ein paar Tagen ist die Papier-Kleisterhaut trocken und wir können in unseren Sonnenball oben und unten zwei Löcher hineinschneiden, durch die ein Besenstiel geschoben wird. Dann befestigen wir lange farbige Bänder – am besten in feurigen Farben – am oberen Ende des Besenstiels, indem wir sie fest mit einer Kordel an den Stab binden.

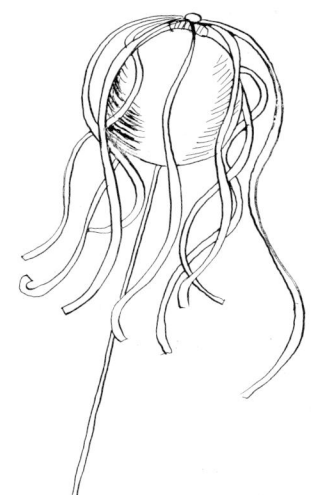

Diese Stellen werden mit einem bunten Band zusätzlich umwickelt und das Ende des Bandes wird mit einem Tacker am Stock befestigt. Auch an der Unterseite des Balles umwickeln wir den Besenstil mit einer Kordel. Nun kann nichts mehr verrutschen. Zum Sommerfest stellen wir die „Sonne" im Garten aus und die Sonnenstrahlen können sich ausbreiten. Wenn ein Kind die Sonne am Stab führt, können die anderen Kinder mit den farbigen Bändern in der Hand die Sonne sich drehen lassen. Vielleicht singen wir zum Sonnenreigen noch ein Sonnenlied (Idee nach: Gisela Walter, Die Elemente im Kindergartenalltag, Freiburg: Herder 1993).

Ein kleiner farbiger Punkt wird größer

Wenn wir ein Blatt Aquarellpapier in Wasser legen, saugt es das Wasser auf. Anschließend legen wir es glatt auf die Tischplatte oder ein Malbrett. Wenn noch Luftblasen da sind, streichen wir diese mit einem Schwamm oder einem Tuch aus. Am besten geht das, wenn man dies von der Mitte aus strahlig nach außen macht. Mit einem dicken Malpinsel setzen wir einen großen Farbklecks in die Mitte, dieser dehnt sich aus und es ergeben sich reizvolle Verästelungen. Nun malen wir um den Punkt einen andersfarbigen Ring und dann wieder einen und wieder einen … bis wir am Rand angelangt sind. Dies ist eine Übung, die man auch mit Musik

„untermalen" kann. Die Kinder werden von einem Kreis zum nächsten immer konzentrierter – es entstehen wunderschöne Bilder mit meditativer Wirkung.

Man kann auch einmal versuchen, zuerst den äußersten, größten Kreis zu malen. Die nächsten werden dann immer kleiner und kleiner … bis zum Mittelpunkt.

Die erste Übung führt uns vom Zentrum nach außen, bei der zweiten Übung werden wir durch das Malen zur Mitte geführt.

Ein Baum hat viele Jahresringe

Im Frühjahr, wenn die Bäume und Gehölze geschnitten werden, bitten wir einen Gärtner um einige besonders schöne Baumscheiben. Sie riechen noch nach frischem Holz, manche fühlen sich auch ein bisschen harzig an. Bäume bilden beim Wachsen sogenannte Jahresringe. Normalerweise wächst ein breiter und heller im Frühjahr (wenn der Baum schneller wächst) und ein dunkler und schmaler im Sommer. Wir können auch die „guten" und „schlechten" Jahre an der Breite der Jahresringe ablesen.

Außerdem können wir von der Mitte aus zählend das Alter des Baumes bestimmen. Aber auch die verschiedenen Baumarten kann man an ihren Baumscheiben erkennen. Mit zunehmender Erfahrung und Beobachtung wissen wir, dass die Baumscheibe der Lärche sehr harzig ist und die Jahresringe gut zu erkennen sind. Ahornholz dagegen ist sehr feinporig, fühlt sich glatt an und wir sehen die Jahresringe nur undeutlich. Eichenholz hat abwechselnd gut zu erkennende helle Frühholz- und dunkle Spätholzringe. Diese Baumscheiben sind viel zu schade zum Verbrennen. Wir nehmen sie immer wieder gerne in die Hand. Wenn wir ein Papier darüber legen, können wir mit einer weichen Kreide einen Abrieb (Frottage) machen.

Die Geschichte des Regenbogenobsidians

Der Regenbogenobsidian (erhältlich in Mineralienfachgeschäften) ist ein besonders schöner Stein. Er sieht sehr dunkel aus, fast schwarz. Meist ist er kreisrund, manchmal oval und seine Oberfläche ist glatt geschliffen. Es ist ein Stein, den man gerne in die Hand nimmt. Scheint die Sonne, zeigt er uns sein Geheimnis: Wunderschön schimmernde konzentrische Ringe werden sichtbar – in schimmernden Violett-Tönen. Ein Traumstein!

Man erzählt von diesem Stein, der auch „Apachenträne" genannt wird, eine anrührende Geschichte. Alle männlichen Krieger eines Indianerstamms wurden von Feinden getötet. Keiner überlebte. Voller Traurigkeit versammelten sich die allein zurückgelassenen Frauen und Kinder an einem heiligen Felsen. Die Tränen, die sie weinten, fielen auf den nackten Felsen und wurden sodann wunderschöne, schimmernde Edelsteine – nämlich Regenbogenobsidiane.

Bunt bemalte Gummischläuche für Bewegungsspiele

Alte Autoschläuche von Pkws und Lkws bekommt man oft von Reifenhändlern geschenkt. Schwarz sehen sie etwas trist aus, deshalb bemalen wir sie mit Dispersionsfar-

ben, so wirken sie gleich fröhlicher. Nun kann man mit den bunten Reifen herrliche Spiele machen.

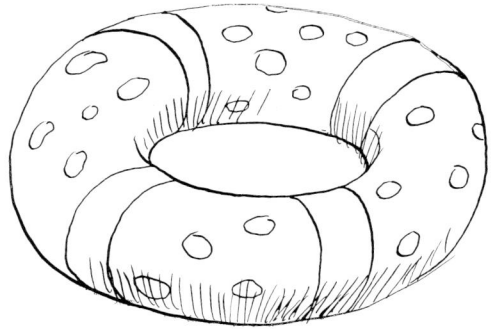

Man kann – wie auf einem Trampolin – darauf hüpfen; wenn man mehrere Schläuche aneinander reiht oder aufeinander legt, kann man wie durch einen Tunnel hindurchkriechen oder wie in ein Fass hineinsteigen.
Hat man noch ein paar Holzbretter zur Verfügung, lassen sich phantasievolle Balancierstege daraus bauen. Wollen zwei Kinder wippen, werden zwei oder drei Schläuche aufeinander gestapelt und darüber ein Brett gelegt.

Friedenstuch

Ein großes Stück Stoff (z. B. fester Nessel in ca. 60 bis 90 cm Breite und ca. 4 bis 5 m Länge) wird an beiden kurzen Kanten zu einer zylinderförmigen Tuchschlaufe zusammengenäht. Im Prinzip ist das Friedenstuch fertig. Wer mag, kann es noch mit Textilfarbe färben oder bemalen.

Fünf bis sieben Kinder stellen sich ins Innere und lehnen sich vorsichtig leicht nach außen. Wir merken, wie wir uns gegenseitig halten und tragen. Solange Harmonie herrscht, kann man sich anlehnen. Das bequeme Nach-hinten-Lehnen ist angenehm. Verhin-dert wird diese Harmonie, wenn einer der Mitspieler das Gleichgewicht stört und sich mit aller Kraft gegen das Tuch stemmt und damit die anderen aus dem Gleichgewicht bringt. Jede schnelle oder heftige Bewegung kann alles durcheinander bringen. Erst wenn wir unsere Kräfte und die der anderen spüren und richtig und ausgewogen verteilen, können wir entspannen.

3. Spiralen – Formen des Lebens

Ammoniten und Schneckenhäuser

In unserem Kinderatelier finden die Kinder eine reichhaltige und interessante Sammlung von Ammoniten und Schneckenhäusern. Ein herrliches Sinnes- und Anschauungsmaterial!
Ammoniten sind steinerne Schneckenhäuser. Zu manchen Ammoniten sagt man auch „Schlangensteine". Früher glaubte man, dass die spiralig eingerollten Steine einst Schlangen waren, die durch göttliche Einflüsse in Steine verwandelt wurden. Die Legende erzählt, dass die heilige Hildegard die Fähigkeit hatte, durch ihr Gebet Schlangen zu versteinern. In vielen Bauernhäusern wurde früher unter dem Dachsparren ein Ammonit angebracht – er sollte vor Blitzschlag schützen.

Auch als Talismane hatten Ammoniten magische Funktion. Sicher wurde diese Zauberkraft auf die Spiralform zurückgeführt. Spiralen (und damit auch Ammoniten und Schneckenhäuser) wurde besondere magische Kraft zugeschrieben. Im tibetanischen Buddhismus werden aus besonders schönen und großen Meeresschnecken die sogenannten Muschelhörner gemacht, die bei religiösen Zeremonien geblasen werden. Die spiraligen Schneckenhäuser und Muscheln sind für uns etwas Besonderes. Die Spirale als Form und Symbol ist auch Ausdruck des geordneten Wachstums.

Wir alle kennen die Faszination, eine Meeresschnecke ans Ohr zu halten. Dabei hören wir ein Geräusch, das uns an das Rauschen des Meeres erinnert. Manche Muscheln haben eine glatt polierte Schale, andere haben Rippen, die man abtasten kann. Viele Muscheln haben einen traumhaften Perlmuttglanz. Besonders schöne Muscheln findet man in der Südsee.

Schneckenhäuser und Muscheln wirken mit ihrer dünnen Schale sehr zerbrechlich. Umso erstaunlicher ist es für uns, dass sie Stürme im Meer unbeschadet überstehen.

Sehr beeindruckend ist es für die Kinder, wenn sie eine große Nautilusmuschel im Querschnitt anschauen. Sie erscheint so zerbrechlich und filigran. Die dünne, perlmuttfarben schimmernde Schale bildet viele kleine Kammern, die mit zunehmendem Wachstum nach außen größer werden – eine perfekte, mathematisch nachvollziehbare Konstruktion. Wirklich ein Wunder! Jede Muschel beeindruckt durch ihre Spiralform, jede ist etwas Besonderes.

Der große Ammonit in unserer Sammlung hat etwa 30 cm Durchmesser. Er hat sehr reizvolle Marmorierungen in der Versteinerung und ist glatt poliert. Die Kinder tasten diese Form gerne ab. Kleine Muscheln sind sehr zart und wir müssen sie ganz behutsam in die Hände nehmen. Es ist für die Kinder sehr interessant, die verschiedenen Muscheln zu vergleichen und sie mit ihren Händen abzutasten. Sicherlich findet jeder seine Lieblingsmuschel. Wo wurde sie gefunden, wie viel hat sie wohl schon erlebt?

Goldschneckli aus Prägefolien

Aus der Sammlung unserer Schneckenhäuser und Muscheln in unserem Kinderatelier gibt es Lieblingsstücke der Kinder. Sie werden von den Kindern immer wieder gerne betrachtet und in die Hand genommen. Eine der liebsten Schnecken ist die „Goldene Schnecke", wie die Kinder sie nennen. Es ist ein kleiner Ammonit mit goldenem Glanz (von Pyritablagerungen). Aus goldfarbiger Prägefolie „zaubern" sich die Kinder eigene Goldschnecken: Die Spiralform wird mit einer leeren Kugelschreiberhülle oder einem Nagel in die Metallprägefolie eingedrückt. Damit das gut geht, legen wir die Prägefolie auf einen weichen Untergrund (Filz oder einige Lagen Zeitungspapier). Die Prägefolie kann auch geschnitten und gelocht werden. Damit lassen sich auch herrliche Anhänger und Ohrringe machen.

Wir können die Spirale auch einmal links- und einmal rechtswendig in die Folie prägen. Welche Variante fällt leichter?

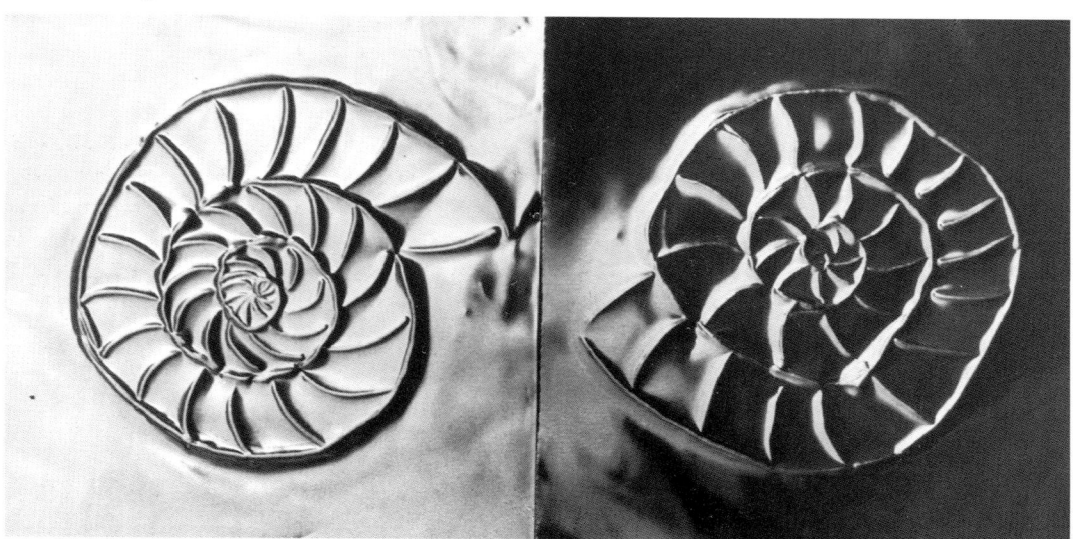

Kleine Schneckenstempel aus Karton und Schnur

Kordeln und Schnüre lassen sich leicht in Schneckenform einrollen. Wir kleben diese Kordelschnecken auf festen Karton. Am besten geht das mit einem guten Papierkleber, der rasch trocknet (z.B. Uhu-Alleskleber). Die aufgeklebte Kordelschnecke walzen wir mit einer wasserlöslichen Druckfarbe ein; mit einer kleinen Linolwalze. Die Druckfarbe sollte vorher auf einer Glasplatte gut ausgewalzt werden. Von dem Druckstock lassen

sich viele Abdrucke machen. Kleinere Kartonstücke kleben wir auf Holzklötzchen, sie lassen sich so beim Abdrucken (wie Stempel) besser handhaben.

Eine Spirale aus Papier

Auf buntes Tonpapier zeichnen wir eine Spirale auf und schneiden diese aus. In den Mittelpunkt stechen wir mit einer Stecknadel ein kleines Loch und stecken dann eine Stricknadel hinein. Wenn man die Stricknadel dreht, scheint sich die Spirale, je nach Drehrichtung, auszudehnen oder zusammenzuziehen. Wenn wir in ein kleines Blumentöpfchen Gips gießen und kurz vor dem Festwerden der Gipsmasse die Stricknadel mit unserem Spiralspiel hineinstecken, können wir das Töpfchen auf einen Heizkörper stellen. Die aufsteigende Wärme bewirkt, dass die Spirale sich von selbst dreht. Besonders kostbar aussehende Spiralen schneiden wir aus fester Goldfolie. Mit Glimmerkleber verziert glitzert und funkelt unsere Spirale, die an einem Goldfaden aufgehängt wird.

Glitzerschmuckspirale

Mit Glitzerpaste (es gibt sie in Tuben und kleinen Fläschchen) kann man kostbar aussehenden Schmuck herstellen.
Wir besorgen uns im Bastelgeschäft Holzscheibchen oder sägen sie aus dünnem Sperrholz selbst aus. Nach dem Schmirgeln mit feinem Schleifpapier grundieren wir die Holzscheiben mit Wasserfarbe und „malen" mit den Glitzerfarben eine schöne Spiralform darauf. Mit einer auf der Rückseite angebrachten Sicherheitsnadel werden hübsche Broschen daraus.

Wir bauen einen Regenmacher

Regenmacher sind Ritual- und Musikinstrumente, die von Naturvölkern in Mittel- und Südamerika hergestellt werden. Bei uns sind sie in den letzten Jahren als meditative Musikinstrumente bekannt geworden. Auch in der Musiktherapie finden sie Verwendung. Diese Regenmacher sind aus den getrockneten und abgestorbenen Quisco- oder Copa-Do-Kakteen hergestellt. Mit Samen oder kleinen Muschelschalen gefüllt, die bei jeder Bewegung des Regenmachers leicht hin- und herrieseln, erinnert das Geräusch an das leise oder auch laute Prasseln von Regen.
Solche Regenmacher lassen sich aus Kartonröhren und Drahtstiften und mit einer entsprechenden „Füllung" leicht selbst bauen:

Rund um eine lange Kartonröhre wird eine Spirale gezeichnet (meist ist die Röhre schon spiralförmig mit braunem Packpapier beklebt). Am Verlauf dieser Spirale entlang werden Drahtstifte in die Röhre geklopft. Dadurch wird die Kartonröhre mit einer Art „Wendeltreppe aus Drahtstiften" ausgefüllt. An dieser „Wendeltreppe" rieseln später die Steinchen oder Samen hinunter, was den lang anhaltenden, raschelnden Klang erzeugt.

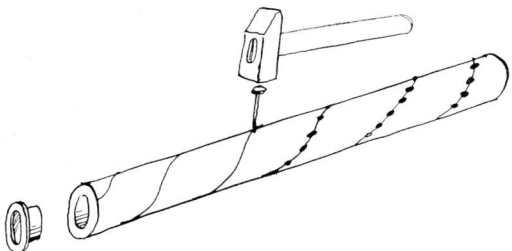

Die Drahtstifte werden mit einigen kräftigen Hammerschlägen in die Röhre geklopft. Bereits fünf- bis sechsjährige Kinder können dies meist ohne weiteres bewältigen. Sollten die Kinder kleiner sein oder mit einem Hammer noch nicht so gut umgehen können, kann man die Löcher mit einer elektrischen Bohrmaschine (Bohreinsatz mit einem etwas geringeren Durchmesser als die Drahtstifte) vorbohren. Die Kinder brauchen die Drahtstifte dann nur noch durch die vorgebohrten Löcher zu klopfen. Der Abstand zwischen den Nägeln sollte etwa fingerbreit (ca. 2 cm) sein. Diesen Abstand kann man zur Orientierung mit Bleistiftstrichen auf

der Spirallinie markieren. Gerade für Kinder kann auch eine andere Methode sehr hilfreich sein: Sie können Lochstreifen, wie sie vom Computer-Endlospapier abfallen, spiralförmig auf die Röhre aufkleben und dann durch jedes Loch einen Nagel klopfen. Der erste und der letzte Nagel sollte jeweils etwa 3 cm vom Rand eingeschlagen werden.

Nun kann die Röhre gefüllt werden. Es eignen sich Steinchen, Holz-, Glas- oder Keramikkugeln, Linsen, Erbsen, Bohnen, Reis und andere Samen. Einfach ausprobieren, denn jede Füllung erzeugt ein anderes Geräusch. Als Füllmenge reichen ein bis zwei Jogurtbecher voll. Am einfachsten ist es, wenn die Kinder die Steinchen usw. mit einem breiten Trichter einfüllen. Dann wird der Deckel eingefügt, der Regenmacher umgedreht und wir lauschen gespannt.

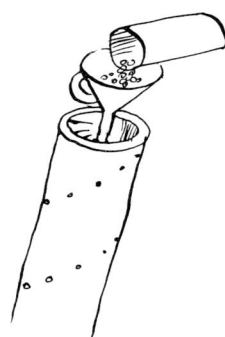

Über die Nagelköpfe kann man noch einen Streifen Tesakrepp kleben, damit die Nägel nicht herausrutschen können. Ein richtiger Regenmacher wird natürlich auch noch bunt gestaltet. Die Farben kommen besser zur

Geltung, wenn man die Kartonröhre vorher mit Kleister und einfachem weißen Papier beklebt. Es entstehen wahre Kunstwerke, wenn der Regenmacher nun bemalt, beklebt oder bedruckt wird. Der Phantasie sind hier keine Grenzen gesetzt.

Übrigens bekommt man alle „Zutaten" für den Regenmacher auch bei Dusyma (s. Anhang S. 118). Man kann sie dort im 10er-Pack bestellen, das ist für Gruppen preisgünstiger.

Wenn man mehrere Regenmacher herstellt und sie paarweise mit verschiedenen Inhalten füllt, hat man zudem ein wunderbares Regenmacher-Memory-Spiel. Die Kinder lauschen dann fasziniert und mit großer Konzentration, um die zwei gleich gefüllten Regenmacher herauszuhören.

Spiralkugelbahnen aus Ton

Aus weichem Ton formen wir einen hohen Kegel, den wir anschließend von unten mit einer Drahtschlinge (das ist ein spezielles Töpferwerkzeug) oder einem Löffel aushöhlen. Aus gut fingerdick gerollten Tonwülsten formen wir die Rollbahn für die Murmeln. Wir fangen an der Kegelspitze an und wickeln die Tonrollen spiralig an die Kegelform. Die Bahn darf nicht zu steil werden! Die Tonwülste werden gut angedrückt und verstrichen. Anschließend ziehen wir den Rand unserer Murmelbahn etwas nach oben, damit die Murmeln nicht aus der Kurve fliegen. Das „Ziel" ist eine kreisrunde Tonplatte, in die mit einer Murmel mehrere Mulden eingedellt werden (s. Foto S. 98).

Nach dem Trocknen und Brennen werden die Kugelbahn und die runde Spielplatte bemalt und anschließend lackiert. Die Dellen der Zielplatte können in unterschiedlichen Farben ausgemalt werden. Bei einem Wettspiel wird jeder Farbe eine vorher festgelegte Punktezahl zugeordnet. Jeder Spieler bekommt fünf Murmeln und zählt anschließend seine „Farbenfelder" zusammen. Wer hat die meisten Punkte?

Balance-Spirale aus Ton

Wir pressen einen Tonklumpen fest zusammen und formen eine etwa faustgroße Kugel. Diese drücken wir zu einer runden Platte, welche ca. 1,5 bis 2 cm dick sein soll. Aus weichem Ton formen wir eine lange Tonwulst und legen diese wie eine spiralig gerollte Schnecke auf die Bodenplatte. Der Abstand von einer Windung zur anderen muss so breit sein, dass eine Murmel gut durchrollen kann. Dann drücken wir die Tonwulst gut fest und verstreichen sie mit der Bodenplatte. Nach dem Trocknen bemalen und lackieren wir unser Spiralspiel. Wir versuchen das Spiralspiel so in den Händen kreisen lassen, dass die Murmel von innen nach außen und wieder von außen nach innen rollt (Geschicklichkeitsspiel (s. Foto S. 98).

Wir bauen eine Doppelhelix

Bei einem Spengler bekommt man oft Kupferblechstreifen als Reststücke von Platten. Sie sollten 0,2 bis 0,3 mm dick und ca. 1,5 cm breit sein. Die Länge von 150 cm ist die Länge der üblichen Bleche. Außerdem benötigen wir ein Rundholz im Durchmesser von 2 cm und mit 20 bis 30 cm Länge. In der gleichen Länge braucht man noch eine Posterröhre aus Karton im Durchmesser von 4 bis 5 cm.

In beide Enden des Kupferblechstreifens wird mit der Bohrmaschine ein kleines Loch gebohrt. Mit einer Feinsäge sägt man in das eine Ende des Rundstabes einen Schlitz (ungefähr 1 cm tief), in den das Ende des Kupferstreifens gesteckt wird. Der Kupferstreifen ist so „festgehalten" und kann nun spiralförmig um den Holzstab gewickelt werden. Wir wickeln den Kupferstreifen etwa zur Hälfte fest um den Holzstab, der dann aus der gewickelten Kupferspirale gezogen wird. Die Kupferspirale wird jetzt in die Kartonröhre

geschoben und der restliche Kupferstreifen in der gleichen Richtung über die Kartonröhre gedreht. Die Kartonröhre wird aus der gedrehten Doppelspirale gezogen und die beiden Kupferstreifenenden durch einen dünnen Kupferdraht verbunden. Daran kann nun die Doppelspirale mit Hilfe eines Fadens aufgehängt werden. Wird sie in Drehung gebracht, erleben wir eine gegenläufige Bewegung innerhalb der Doppelspirale. Eine Spirale, z.B. die äußere, dreht sich nach oben, die innere nach unten. Dies ist natürlich von der Drehrichtung abhängig. Die Drehung ist aber immer gegenläufig. Diese gegenläufige Bewegung nehmen wir als Einheit wahr; die Gegensätze bedingen sich gegenseitig – so wie das Ausatmen dem Einatmen folgt. Beim Betrachten der Drehbewegung sollte man sich ruhig Zeit nehmen. Dieses Bild des Auf- und Absteigens der Bewegung löst ein Gefühl des Erlebens der Gegensätze – und gleichzeitig des Ausgleichs – aus.

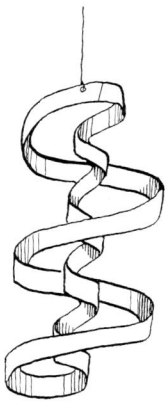

Wir legen eine Kräuterspirale an

In manchen Gärten wachsen die Kräuter in einem Beet, das in Spiralform angelegt ist. Das sieht hübsch aus und lädt Auge und Nase zu einer Duftwanderung ein. Zudem hat die spiralige Anordnung den Vorteil, dass in alle vier Himmelsrichtungen der ideale Platz für jede Pflanze da ist. Außerdem bieten die Trockenmauern der Kräuterspirale Unterschlupf und Lebensraum für Kleinlebewesen.

Wir brauchen für die Kräuterspirale einen sonnigen Standplatz und eine Fläche von ca. 3 m Durchmesser. Mit gestreutem Sand können wir die Grundform der Spirale „skizzieren" und in den Erdboden eingeschlagene verschieden hohe Pflöcke zeigen die unterschiedliche Höhe der späteren Steinmauer, die dann aus gesammelten, flachen Natursteinen gesetzt wird. Damit die Spiralform auch später, wenn die Kräuter reichlich wachsen, gut sichtbar ist, sollte die

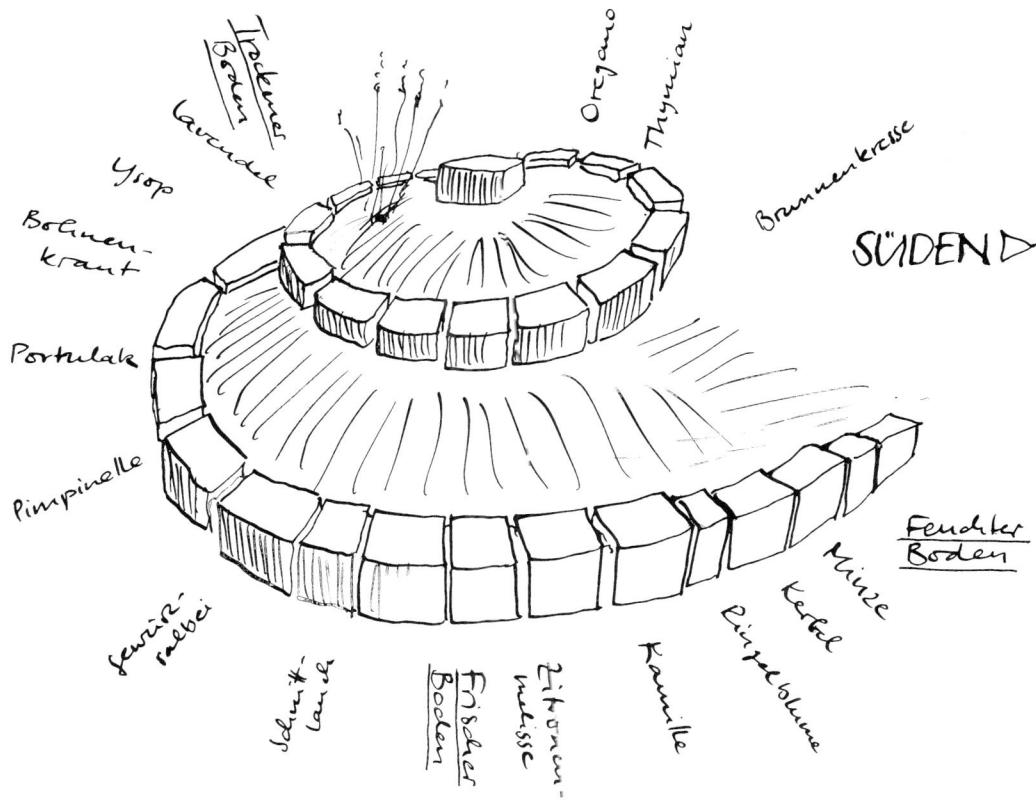

Spirale in nicht mehr als zwei Windungen gesetzt werden. Die Kräuterspirale soll mit ihrem auslaufenden Ende in Richtung Süden zeigen. An dieser Stelle dichten wir ein Becken mit Lehm ab, damit dort der Boden immer feucht bleibt. An dem kleinen Sumpf wachsen besonders gut Brunnenkresse und Dotterblume. Den äußeren Rand der Spirale füllen wir mit gutem Humus, vermischt mit Komposterde, aus. Der innere, ansteigend höher gelegene Bereich wird mit zunehmend magererer Erde ausgeschüttet. Dabei wird Gartenerde mit Sand oder kleinen Steinchen und Kalkmörtel vermischt. Auf diesem mageren, trockenen Boden wachsen in sonniger Höhe Thymian, Oregano, Lavendel und Salbei. Gute Erde mögen Ringelblumen, Minze, Melisse, Kamille, Petersilie, Pimpinella (Bibernelle), Kerbel und Schnittlauch. Wir können die Kräuter mit Samen auf der Fensterbank keimen lassen und die schon kräftigen Pflänzchen nach der Reihenfolge auf der Skizze (S. 79) in die Erde setzen. Bis sie fest wurzeln, brauchen sie aber viel Pflege. Also das Gießen und Unkrautjäten nicht vergessen!

Pflanzen, die sich einrollen

Bevor die Farnwedel sich in voller Größe entfalten, sind sie zu Spiralen eingerollt. Für unser Auge unsichtbar (weil die Knospe noch geschlossen ist), machen das zum Beispiel auch die Knospenblätter der Tulpe. Der kreiselige Schneckenklee hat planspiralig aufgerolle Hülsen. Die Fruchtstiele der Cyclampflanze krümmen sich spiralig ein und Kletter- und Rankpflanzen (z.B. Clematis) halten sich durch spiralig eingedrehte Stängelteile fest. Erstaunlich oft finden wir, wenn wir aufmerksame Beobachter sind, die Form der Spirale im Pflanzenreich. Kinder freuen sich, wenn sie dies – einmal bewusst betrachtet – immer wieder entdecken.

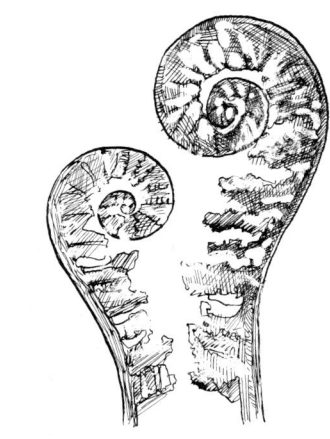

Die „grüne Schnecke" auf der Fensterbank

Man braucht lediglich: eine flache, runde Schale (wasserundurchlässig, z.B. ein Tablett oder ein Blumenuntersetzer aus Keramik), Kräuteraussaaterde, Keimkostpflanzen (z.B. Mungobohnen, Kichererbsen, Kresse, Weizen, Roggen, Alfa-Alfa, Senf, Radieschen), Drahtbügel, durchsichtige Plastikfolie zum

Abdecken, bis die Samen gekeimt haben, eine Wassersprühflasche, schöne Steine, Wurzeln, Schneckenhäuser – und ein paar Tage Geduld. Dann haben die Samen bereits gekeimt und verwandeln die Schale in eine grüne Landschaft, die schon nach ca. zwei Wochen abgeerntet werden kann.

Zuerst wird die Schale mit ca. 3 bis 5 cm Erde bedeckt. Man nimmt am besten eine nährstoffarme Aussaaterde oder mischt Komposterde mit der doppelten Menge Sand. Dann legt man schöne Kieselsteine auf die Sandfläche in Form einer Spirale. In die Mitte kommt ein besonders schöner Stein – vielleicht ein Bergkristall oder eine versteinerte Schnecke. Nun werden die Samenkörner ausgesät. Dabei muss man beachten, dass Bohnen, Kichererbsen und Sonnenblumenkerne Dunkelkeimer sind und mit Erde bedeckt werden müssen. Alle anderen Samen sind Lichtkeimer. Sie werden nur leicht angedrückt. Dann muss es regnen. Wir helfen nach, indem wir die Samen mit einer Sprühflasche gut befeuchten. Die Keimlinge dürfen nicht austrocknen! Man muss sie die ers-

ten Tage mndestens zweimal täglich einsprühen. Mit Drahtbügeln und Folie baut man ein kleines Gewächshaus, dann keimen die Samen schneller, weil die Luftfeuchtigkeit hoch bleibt. Diese Konstruktion ist jedoch nur die ersten Tage nötig. Nach zwei Wochen ernten wir herrliche Kräuter für Brotaufstriche und Salate.

Die feinen Linien unserer Fingerkuppen

Wir nehmen eine große Lupe und betrachten unter dem Vergrößerungsglas unsere Handinnenfläche. Feine Muster und Linien sind zu sehen, und wenn wir genau hinschauen, sehen wir, dass sich aus den Linien spiralige Formen bilden. Es sind Formen, die wie Wirbel aussehen. Vor allem an den Fingerkuppen kann man dies beobachten. Im Zentrum schlängelt sich die Linie um und führt wieder nach außen. So ein Linienspiel ist etwas ganz Einmaliges. Die Linien sind nie bei zwei Menschen identisch, sondern jeder Mensch hat ein ganz individuelles Muster, das jedoch immer spiralig ist.

Sonnenblume, Tannenzapfen und Ananas

Was haben Sonnenblume, Tannenzapfen und Ananas gemeinsam? Auf den ersten Blick wenig: Die Blüte der Sonnenblume hat sonnengelbe Blütenblätter, die am Blütenrand kreisförmig angeordnet sind. Der Tannenzapfen ist etwas rau, braun und riecht harzig. Die Ananas hat eine gelb-braune, piksige Schale und einen „Schopf" mit grünen, recht harten und lanzettförmigen Blättern.

Wenn wir die drei Pflanzen jedoch genauer betrachten, fällt uns auf, dass die Sonnenblu-menkerne nicht beliebig angeordnet sind. Nein, sie ordnen sich spiralig um einen Mittelpunkt. Auch die Schuppen des Tannenzapfens sind in paarig gegenläufigen Spiralen gewunden. Ebenso die typischen Muster auf der Schale der Ananas. Besonders deutlich wird das, wenn wir die Ananas zunächst schälen und dann mit einem scharfen Messer einen Schrägschnitt spiralig an den braunen „Piksern" entlang, die im Fruchtfleisch sitzen, ansetzen. Wenn wir einen weiteren Schnitt keilförmig von oben oder unten etwa 1 cm tief dagegen setzen, lassen sich diese Stacheln sehr leicht aus dem Fruchtfleisch lösen. Dieser Spiralform folgend wird jetzt die ganze Ananas mit diesen Kerbschnitt versehen und so von Stacheln befreit. Quer in Scheiben geschnitten bekommen wir dann wunderbare Ananassterne.

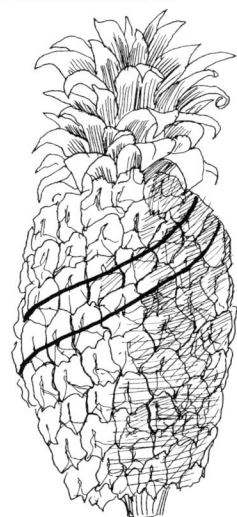

Tastspirale für die Füße

Hugo Kükelhaus hat gesagt, dass barfuß laufen eine „Ganzheitsmassage" für den gesamten Körper ist. Wir wissen, dass die Fußsohlen Reflexpunkte für alle Organe aufweisen und somit alle inneren Organe über die Fußsohlen massiert werden.

Wann können und dürfen Kinder noch barfuß laufen? Die Straßen der Großstadt verbietet es meistens. Aber wenn wir uns erinnern, gibt es nichts Herrlicheres, als mit nackten Füßen über welligen, weichen Sand am Meer, über kühlen, moosigen Waldboden oder durch eine Wiese im Morgentau zu laufen. Auch das Barfußlaufen durch den vom Regen aufgeweichten Boden oder durch einen Sumpf macht Spaß! Auf dem Kiesweg oder Schotter setzen wir die Füße ganz behutsam auf und der Waldboden voller Tannennadeln pikst ein wenig. Wenn wir bewusst gehen, werden unsere Füße richtig „wach"!

Wir legen mit den Kindern deshalb eine große Tastspirale auf den Boden. Steinchen (glatte und eckige, große und kleine) wechseln ab mit Sand, Gras, Ästen, Rindenmulch, Blättern und Moos. Mit jedem Schritt spüren die Füße einen Gegensatz. Rau wechselt mit glatt ab, feucht mit trocken, hart mit weich, kalt mit warm. Vielleicht gehen wir den Spiralweg langsam mit verbundenen Augen bis ins Zentrum und wieder nach außen.

Wir können auch ein langes Seil auf den Boden legen, wobei das Seil wie eine Schnecke eingerollt wird. Mit mehreren langen Seilen können wir auch eine Doppelspirale bilden. Mit nackten Füßen tasten wir uns daran entlang.

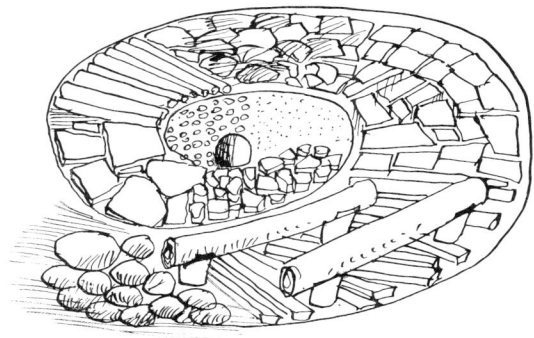

Das Adventsgärtchen

In Waldorfkindergärten gibt es in der Adventszeit ein vorweihnachtliches Spiel, welches das Adventsgärtchen genannt wird. Ursprünglich war es ein alter Brauch aus dem Erzgebirge: Die Erzieherin sammelt mit den Kindern viele grüne Zweige (von Tanne, Fichte, Kiefer, Buchs …), die auf den Boden zu einer großen grünen Spirale gelegt werden. In die Mitte wird eine große Kerze gestellt. Der Raum wird leicht abgedunkelt und die Kerze in der Mitte angezündet. Sehr feierlich und konzentriert geht jedes Kind allein mit einer kleinen Kerze in der Hand, die in einem roten Apfel steckt, den Spiralweg bis zur Mitte. Dort angelangt zündet es seine

Kerze an der Flamme der großen Kerze an, geht wieder zurück und stellt seine kleine brennende Kerze an einer Stelle des Spiralwegs ab. Alle Kinder singen und musizieren dazu. Je mehr Kinder den Weg gegangen sind, desto heller und wärmer wird es durch die brennenden Kerzen. Es ist ein sehr berührendes Ritual, welches die Kinder spielerisch vollziehen. Am Schluss erleben wir das wunderbare Bild der Lichterspirale.

Die eingerollte „Löwenzahnspirale"

Eine Erinnerung an Kindertage: Wir haben es damals „Wassermännchenspiel" genannt. Wenn man Löwenzahnstängel der Länge nach an beiden Seiten (mit dem Fingernagel) bis auf ein kurzes Endstück aufritzt und sie in Wasser legt, quellen die Innenseiten der Stängel auf, sie kräuseln sich und es entstehen spiralige, gelockte Formen: Ein Spiel, das Kinder immer wieder fasziniert.

Minigarten im Schneckenhaus

Im späten Winter und zeitigen Frühjahr finden wir draußen oft wunderschöne Schneckenhäuschen. Sie sind leer – verlassen von ihren gefräßigen früheren Bewohnern. In ihrer typischen Schneckenform sind sie unübertroffen schöne Gebilde. Wir füllen sie vorsichtig mit Gartenerde und pflanzen die ersten Veilchen und Gänseblümchen hinein. Aus Birkenästen sägen wir kleine Baumscheiben und kleben (am besten mit einer Klebepistole) die Schnecken darauf. So entsteht ein kleines blühendes Schneckengärtchen.

Wie sieht ein Schneckenhaus innen aus?

Eine Schülerin hat mir einmal verschiedene Weinbergschneckenhäuser mitgebracht – und in jedem war ein kleines „Fenster", das einen Einblick ins Innere möglich machte. Im ersten Schneckenhaus war es noch ein sehr kleines Loch, beim nächsten Schneckenhaus war die Öffnung schon größer und beim letzten war es fast ein Querschnitt. Um diese „Einblicke" möglich zu machen, muss man die Schale der Schneckenhäuser an einer Stelle abschleifen. Am besten geht das mit einer Schleifmaschine. Man muss aber sehr vorsichtig dabei sein, denn die dünnwandigen Schneckenhäuser brechen leicht. Diejenigen Schneckenhäuschen, die den Schliff überstanden haben, heben wir in einer schönen Dose auf und freuen uns oft an dem Blick ins geheimnisvolle Innere.

Wir zeichnen eine Riesenspirale

Ein dicker Pflock wird fest in den Boden geschlagen und eine kräftige Schnur daran befestigt. Die Schnur wird um den Pflock gewickelt und das Ende mit einem Stock versehen. Wenn man die Schnur beim Gehen um diesen Stock ab- oder aufwickelt und dabei immer gut gespannt hält, kann man auf diese Weise mit dem Stock eine Linie in den Boden kratzen, die am Schluss das Bild einer Spirale ergibt.

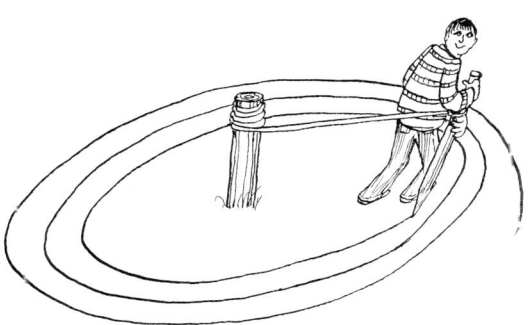

In der Mathematik wird diese Spirale Abwicklungskurve genannt. Es ist annähernd eine archimedische Spirale (nach dem griech. Mathematiker und Physiker Archimedes; ⋆ um 287, † 212 v. Chr.).

Wir zeichnen eine „archimedische" Spirale

Mit Hilfe eines alten Plattenspielers kann man eine archimedische Spirale sehr leicht konstruieren: Ein Blatt Papier bekommt in der Mitte ein Loch und wird über den Stift gesteckt und auf den Plattenteller gelegt. Dann lässt man den Plattenteller langsam rotieren und zieht vorsichtig mit einem Pinsel, der vorher in Farbe getaucht wurde, vom Mittelpunkt zum Rand, und zwar möglichst in konstanter Geschwindigkeit. Wenn man den Pinsel gleichmäßig führt, entsteht eine schöne archimedische Spirale. (Archimedes hatte einst den Flächeninhalt dieser Spirale berechnet, der genau ein Drittel der Kreisfläche – vom Radius nach einer Umdrehung gerechnet – beträgt.)
Eine archimedische Spirale kann man auch konstruieren, indem man zuerst ein Kreuz zeichnet, dieses Kreuz axial nochmal erweitert und damit das Bild eines Sternes bekommt. Nun wird der Schnittpunkt der geraden Linien gekennzeichnet. Mit der Zirkelspitze stechen wir genau in diesen Mittelpunkt und zeichnen nun viele konzentrische Kreise. Die Schnittpunkte werden (immer

einen Kreis und axialen Strich nach außen nehmen) verbunden und es entsteht das Bild einer Spirale.

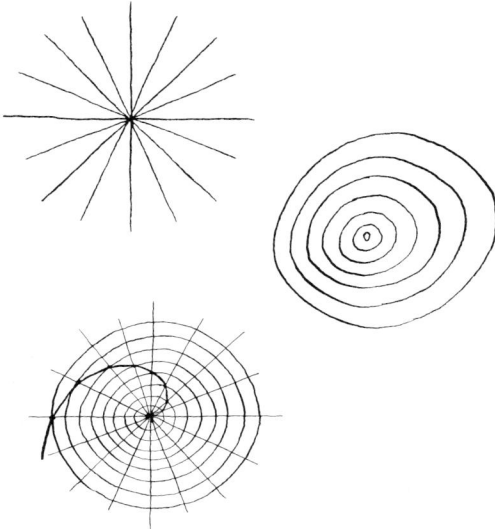

Die Hilfsmittel bei dieser Konstruktion waren dabei „Urkreis und Urkreuz", unser „Urformenpaar".

Die Zauberschnecke

Man kann mit einem selbstgebauten Spiralkreisel (Anleitung s. S. 87) einmal folgenden Versuch machen: Der Spiralkreisel, auf den eine Spirale im Uhrzeigersinn gemalt ist, wird zuerst nach rechts gedreht. Erstaunt stellt man fest, wenn man einige Zeit auf den sich drehenden Spiralkreisel geschaut hat, dass sich die aufgezeichneten Linien ausweiten. Sie werden scheinbar breiter, weiter. Sie scheinen sich auszudehnen. Wenn man den Blick anschließend auf etwas anderes, z.B. ein Bild, richtet, so scheint sich dieses zusammenzuziehen. Dann dreht man den Spiralkreisel in die andere Richtung. Die Linien ziehen sich nun zusammen. Eine Sog- und Konzentrationswirkung wird spürbar. Die Linien der Spirale scheinen sich tunnelartig nach innen fortzusetzen. Blickt man anschließend auf einen anderen Gegenstand, so scheint sich dieser auszudehnen.

Was wir erlebt haben, war der polare Wechsel von Ausdehnen und Zusammenziehen, Weite und Enge. Eindrucksvoll ist es, wenn wir dieses Experiment mit einem Spiralkreisel und einem großen Ammonit machen – die Schnecke scheint sich zu bewegen. (Ein sehr ästhetisches „Zauberschneckenspiel" bietet die Firma Dusyma an.)

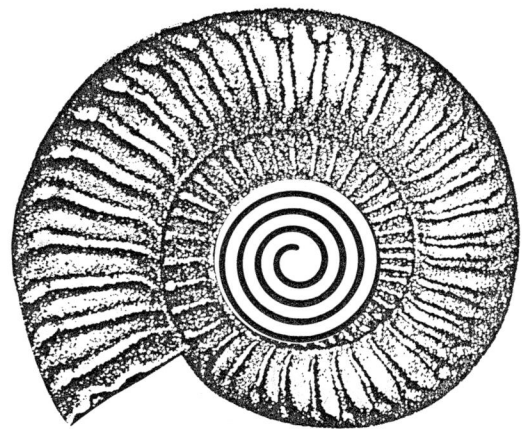

Abdrücke in weichem Ton

Mit einem versteinerten Ammonit oder einer kleinen Pyritschnecke kann man schöne Abdrücke in weichen Ton machen. Damit lassen sich Tonreliefs und Gefäße dekorativ gestalten. Kleinere Abdrücke können auch reizvolle Schmuckanhänger werden. Mit Gold- und Silberfarbe aus dem Malkasten bekommen sie ein kostbares „Gewand" und werden nach dem Trocknen der Farbe noch lackiert.

Eine Spirale aus Flusskieseln oder Muggelsteinen

Kieselsteine sind ein wunderbares Material, um verschiedene Formen direkt auf den Boden zu legen. Wir legen ein besonders schönes Schneckenhaus in die Mitte und lassen dann ein Spiralmuster entstehen, indem wir Stein an Stein legen. Haben wir eine reichhaltige Kieselsteinsammlung, kann die Spirale sehr groß werden. Sehr reizvoll ist es, die Steine auf sandigen Boden zu legen, das gibt einen schönen Kontrast.
Glitzernde Muggelsteine aus Glas regen in ihrer Ästhetik viele Kinder zum Spielen an. Auf dem Boden oder einem Spiralbild legen wir viele Muggelsteine aneinander. Mit den Fingern tasten wir uns vorsichtig auf dem Spiralweg zwischen den Muggelsteinen entlang, ohne sie zu berühren. Das ist gar nicht so leicht, aber eine gute Koordinationsübung.

Wir bauen einen Spiralkreisel

In einer Holzspielwarenfabrik bekommen wir runde Holzscheiben mit einer Bohrung in der Mitte – oder wir sägen sie aus dünnem Sperrholz selbst mit der Laubsäge aus und bohren mit der Bohrmaschine in die Mitte ein kleines Loch. Ein Rundstab (10 bis 15 cm Länge) wird mit Hilfe eines Bleistiftspitzers an einem Ende angespitzt und durch die Bohrung geschoben, so dass die Spitze ca. 1 – 2 cm herausschaut. Ein einfacher Kreisel ist entstanden, dem wir mit Plakafarbe eine farbige Spirale aufmalen. Die Spirale kann sich in Regenbogenfarben entwickeln oder auch schwarz-weiß sein. Wenn wir in zwei Grundfarben abwechselnd malen, „mischen" sich beim Drehen des Kreisels die Farben und „verlaufen" ineinander.

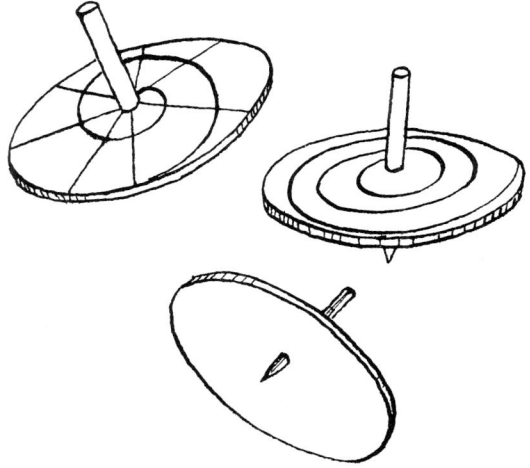

4. Labyrinthe

Wir entwerfen ein kretisches Labyrinth

Ein klassisches Labyrinth (damit meine ich die Form des kretischen Labyrinths) zu entwerfen, ist nicht schwer. Man beginnt damit, ein Kreuz mit vier Winkeln zu zeichnen und markiert um das Kreuz mit vier Punkten die Eckpunkte des Quadrats.

Nun verbindet man nach folgendem System die vier Eckpunkte mit dem Kreuz:

Den gleichen Versuch können auch wir mit einem „rechtsläufigen" Labyrinth machen. „Rechtsläufig" heißt, dass die erste Wendung beim Betreten des Labyrinths nach rechts geht. Dafür wird bei der Konstruktion des Labyrinths die Spitze des Kreuzes mit dem linken oberen Punkt verbunden.

Das kretische Labyrinth ist ein phantastisches Gebilde. Wenn man es einmal selbst gezeichnet hat, wird einem bewusst, dass es auf einer klaren Ordnung basiert. Der Ausgangspunkt ist ein Kreuz mit den vier Himmelsrichtungen und vier Punkten im Viereck. Die bogenförmigen Verbindungen sind im weitesten Sinne als Teile eines Kreises zu sehen. Also auch hier entdecken wir die zwei Grundformen: Urkreuz und Urkreis. Der Weg vom Eingang führt nicht direkt ins Zentrum, sondern ist der am längsten mögliche Weg – ein Umweg, der schließlich zum Ziel führt.

Balance-Labyrinthe aus Ton

Mit Hilfe der Konstruktionsbeschreibung eines klassischen Labyrinths (s.o.) können wir nun selbst Labyrinthe entwerfen. Beispielsweise wird weicher Töpferton zu einer Platte ausgewalzt, die dann einen Labyrinthentwurf aus Tonwülsten bekommt. Am besten ist es, wenn man den Entwurf zuerst mit einer Nagel- oder Messerspitze in den weichen Ton ritzt, die eingeritzte Linie dann mit Tonschlicker (dünner, wässriger Tonbrei) bestreicht und darauf ausgerollte, fingerdicke Tonwülste drückt. Aus dem Ton können dann noch kleine Kugeln gerollt werden, die sich nach dem Brennen den Weg durch das Tonlabyrinth suchen. Dazu kippen und drehen wir die Platte hin und her (vgl. Foto S. 56).

Balance-Labyrinthe aus Karton oder Kordeln

Eine reizvolle Arbeit für größere Kinder ist es, ein Labyrinth auf eine große Sperrholzplatte (ca. 30–50 cm Seitenlänge) zu montieren. Das geht mit aufgeklebten Kordeln oder Pappstreifen. Die farbige Kordel wird einfach mit einem guten Kleber auf einen festen Untergrund (das kann eine bemalte oder mit Stoff bespannte Sperrholzplatte sein) geklebt.

Will man das Labyrinth aus Sperrholz und Pappe bauen, empfiehlt es sich, die Pappstreifen nicht nur mit Klebstoff auf den Holzuntergrund zu kleben, sondern das Labyrinth insgesamt mit Papier und Kleister zu kaschieren. Es ist dann stabiler und kann – bemalt oder mit farbigem Seidenpapier beklebt – ein ästhetisch sehr ansprechendes Objekt werden. Es ist zu beachten, dass die Rückseite der Holzplatte immer mit Holzleisten oder Pappstreifen stabilisiert werden sollte, damit sich die Platte nicht verzieht.

Wir pflanzen ein Blumenlabyrinth

Ein Labyrinth fürs Frühjahr! Im Herbst, wenn die Blumenzwiebeln gesetzt werden, legen wir ein Tulpenlabyrinth (oder auch mit Osterglocken) an. Zuerst wird mit gestreutem Sand die Form des Labyrinths auf die Wiese „gezeichnet". Dann werden die Zwiebeln sorgfältig in die Erde gesetzt. Genügend Zwiebeln pflanzen, sonst sieht's nächstes Jahr „mickrig" aus! Es ist sicherlich eine Kostenfrage, „1000 Tulpenzwiebeln" zu pflanzen. Vielleicht kann man einmal mit einem kleineren Krokuslabyrinth anfangen. Natürlich neigen die Zwiebelblumen zum Verwildern. Aber einige Jahre lang wird man bestimmt das Labyrinth jedes Frühjahr erleben.

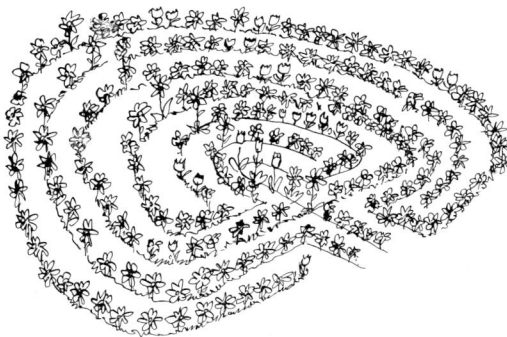

Ein Labyrinth aus Wellpappe

Aus einer Rolle Wellpappe entsteht ein Riesenlabyrinth. Im Bastlermarkt oder im Buchbinderfachhandel gibt es große Rollen Wellpappe (ca. 50 m lang) zu kaufen. In kurzer Zeit lässt diese sich von den Kindern durch Abrollen zu einem Labyrinth aufbauen. In Schlingen und Schlaufen aufgestellt, steht sie stabil und hält relativ viel aus. Wenn man das Labyrinth abbauen will, kann man sie wieder zusammenrollen und später von neuem aufbauen. Ist sie durch das viele Benutzen einmal ramponiert, kann man sie immer noch zum Basteln zerschneiden.

Zum Aufbauen des Labyrinths braucht man eine große, freie Fläche im Raum. Oder man geht ins Freie auf den Hof oder eine Wiese. Bei Versteck- und Suchspielen im Labyrinth ist die wichtigste Spielregel: Der Suchende darf nicht über den Rand schauen – er muss auf allen vieren durchs Labyrinth krabbeln. Diejenigen Kinder, die sich verstecken, kauern sich ganz klein und ruhig in die Nischen und schlaufenartige Höhlen.

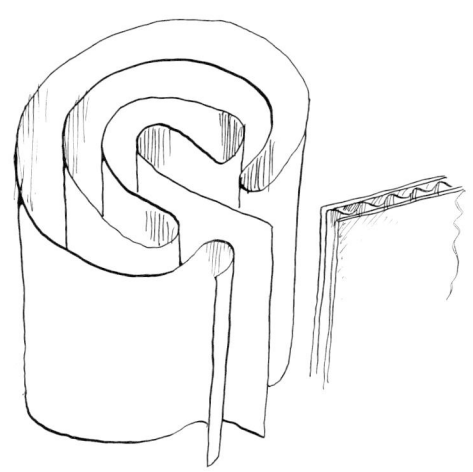

Höchstens durch Geräusche und Klänge machen sie den Sucher auf sich aufmerksam. Wenn man den Raum abdunkelt, wird's noch spannender. Man kann das Labyrinth zum Teil auch mit Tüchern zudecken.

Wir bauen ein großes Labyrinth

Die eigentliche Bedeutung des Labyrinths spürt man erst im Abschreiten des Weges (des Um-Weges). Man nimmt an, dass das Abschreiten des Labyrinths mit einem früheren Initiationsritus verbunden war. Auf den Boden gelegte große Flusskiesel markierten den Weg. Später (vor allem im 16. Jahrhundert) waren es große Hecken in den Parks. Die einfachste Art diese Wegstrecke erlebbar zu machen ist es, mit den Kindern lange Seile, wie sie in der Rhythmik verwendet werden, in Labyrinthformen auf den Boden zu legen (s. Foto S. 92). Barfuß kann der Weg zwischen den Seilen oder auf dem Seil balancierend gegangen werden. Es gehört schon viel Vertrauen dazu, wenn sich ein Kind mit geschlossenen Augen blind ins Labyrinth führen lässt.

Etwas mehr Arbeit, die sich aber lohnt und in einer Wochenendaktion mit Eltern und Kindern durchgeführt werden kann, macht es, ein begehbares großes Labyrinth zu bauen, das später begrünt werden kann. Die einfachste Möglichkeit ist, an den markanten Punkten etwa 60 bis 70 cm lange Holzpflöcke (Baumarkt) in den Boden zu schlagen. In

die Pflöcke werden Ringschrauben gedreht und daran Schnüre befestigt, die den Labyrinthweg markieren. Anlässlich eines Sommerfestes können bunte Krepppapierbänder daran befestigt werden, am besten mit einem Papierhefter.

Wenn man ein begrüntes Labyrinth möchte, wird mit einem Tacker Hasendraht an den Holzpflöcken befestigt. Hasendraht ist ein Maschendrahtgeflecht, das es preisgünstig in Rollen zu kaufen gibt. Rankende Pflanzen wie Kapuzinerkresse, Wicken, Bohnen werden ausgesät und bei häufigem Gießen entstehen bald grüne Zäune. Der Labyrinthweg selbst kann mit Rindenmulch oder Kies gestreut werden.

Aus Natursteinen, aber auch mit Betonsteinen und Klinker lassen sich schöne Labyrinthwege legen. In den Ritzen und Fugen zwischen den Steinen werden im Laufe der Jahre kleine Pflanzen wie Moose, Wildkräuter und Gräser wachsen.

Wenn man genügend kleine Pflastersteine, Ziegelsteine oder Felssteine sammelt, kann man auch damit den Labyrinthweg legen. Zwischen den Windungen dieses Steinweges streuen wir Gartenerde wenigstens 10 cm tief aus. Hier können schnell keimende Pflanzen wie Weizen oder Hafer wachsen. Die Samen werden dicht genug ausgesät und müssen nun regelmäßig gegossen werden.

Vielleicht setzen wir in die Mitte des Labyrinths eine schöne Sonnenblume. Mit der Gießkanne in der Hand kann jedes Kind seinen Weg durchs Labyrinth gehen.

*Diese beiden Labyrinthe
wurden von Studenten der
Elly-Heuss-Knapp-Schule
in Neckargemünd
durchgeführt.
(Fotos: Ursula Diebel)*

5. Die Schönheit der symmetrischen Formen

Kristalle, Schneesterne, Blätter und Blüten

Bei Minustemperaturen gefriert Wasser zu Eis. Gefrieren und Auftauen von Wasser sind alltägliche, gewöhnliche Ereignisse. Die Kristallisation von Eis ist jedoch oft mit wunderbaren Formen verbunden: An den Fensterscheiben können wir im Winter das Wachsen von Eisblumen verfolgen – wenn wir sie mit unserem warmen Atem anhauchen, verschwinden sie kurz und bilden sich erneut in mannigfaltigen Formen. Oder Schnee schmilzt auf einem erwärmten Dach und das Schmelzwasser, das herabrinnt, bildet Eiszapfen.

Schneekristalle sind etwas Zauberhaftes. Leider sind sie sehr vergänglich – bei Erwärmen schmelzen sie sofort und lösen sich auf. Schneesterne haben alle den gleichen Aufbau und bilden Sechsecke, die sich symmetrisch verzweigen und vielfältige Muster bilden. Trotz des gleichen „Grunderüstes" – ein symmetrisches Sechseck – gleicht kein Kristall dem anderen. „Kristallisation" heißt eigentlich „Eisbildung" (vom altgriechischen „krystallos", was „Eis" bedeutet). Früher glaubte man, dass Bergkristalle sich durch die große Kälte im Gebirge endgültig in die kristalline Form verfestigt hätten und ursprünglich Eis gewesen seien.

Am Bergkristall, den viele als schönsten, reinsten Kristall empfinden, können wir Eigenschaften wahrnehmen, welche für alle Kristallarten typisch sind. Er ist auch sicher der bekannteste Kristall. Er gehört fast überall auf der Welt zu den „heiligen Steinen" und man schreibt ihm Heilkräfte zu. Hildegard von Bingen empfiehlt, den Bergkristall in der Sonne zu erwärmen und ihn in Wasser zu legen. Dieses Wasser, so überliefert sie es uns, habe Heilkräfte.

Am schönsten ist der Bergkristall, wenn wir ihn im Sonnenlicht betrachten. Dann zeigen sich seine Farben im Regenbogenspektrum: rot, orange, gelb, grün, hellblau, dunkelblau und purpur. Manchmal finden wir vollkommen geformte Bergkristalle, deren sechs Seiten regelmäßig gewachsen und glasklar sind. Manchmal verwachsen zwei Kristalle symmetrisch – das sind dann Zwillinge. Nach ihrer Symmetrie werden Kristalle in sieben Kristallsysteme geordnet. Es sind Wachstumsstrukturen, in denen die Mineralien kristallisieren; z. B. hat der Pyrit einen kubischen Aufbau, auch Steinsalze wachsen als Würfel, Fluoride dagegen als Doppelpyramide.

Aber nicht nur die symmetrische Form ist eines der auffälligen Merkmale von Kristallen, auch die Farbe ist etwas Typisches. Sie entsteht durch eine bestimmte chemische Zusammensetzung, manchmal aber auch durch besonders färbende Substanzen oder Oxydation bei Verwitterung.

Kristalle können einen undurchsichtigen, metallischen Glanz haben, farbig-durchscheinend oder farblos klar sein. Farbige Kristalle sind z. B. der Rauchquarz, Amethyst, Rosenquarz, Rutil und Blauquarz. Farbige Kristalle faszinieren Kinder sehr. Die Farben sind meist von hoher Leuchtkraft, was uns verwunderlich erscheint, da die Kristalle oft in vollkommener Dunkelheit im Erdinnern ihr schönstes Wachstum und die strahlendsten Farben entwickeln.

Doch auch so alltägliche Stoffe wie Salz und Zucker (Letzteren kennen wir als Kandiszucker mit schönen Kristallflächen) gehören zu den Kristallen.

Auch bei vielen Blättern und Blüten erleben wir den symmetrischen Aufbau. Man denke nur an die Anordnung der einzelnen Blüten bei Ringelblumen, Sonnenblumen, Gerbera, Margeriten … Blätter mit ihren verzweigten Blattadern sind immer kleine Kunstwerke. Sie versorgen mit ihren feinen Adern das Blatt mit Wasser und stabilisieren es. Uns interessiert hier vor allem die Gestaltung der Blattformen. Wir sammeln Blätter, ordnen sie nach Größe, Farbe, Form, benutzen sie zum Drucken, pressen sie und verwenden sie als Material in allen Herbstfarben zum Aufkleben oder legen sie unter ein Blatt Papier und machen mit weichen Kreiden Durchreibetechniken.

Ein Bild in der Klangschale

Wellen, die auf einer ruhigen, glatten Wasseroberfläche entstehen, faszinieren uns alle. Wir kennen dieses Spiel: Vom Uferrand aus werfen wir einen Kieselstein ins Wasser. Wo er versinkt, entsteht ein Kreis, der sich ausbreitet – immer weiter und immer neue Kreise wachsen aus dem Mittelpunkt.

Hans Jenny, ein Schweizer Arzt und Physiker, hat Schwingungsbilder fotografiert und wissenschaftlich untersucht. Auf elektrischem Weg verstärkte Schwingungen (z. B. Töne) werden in Wasser oder Sand übertragen. Diese Forschung heisst „Kymatik" (von griechisch kyma = Welle). Solche Schwingungsphänomene wurden aber schon viel früher erforscht. In China gab es bereits im 5. Jahrhundert v. Chr. ein großes Bronzebecken, das, durch Reibung in Schwingung versetzt, eine Fontäne hochspritzen ließ. Der Physiker Ernst Chladni entdeckte im 18. Jahrhundert Klangfiguren, die er durch Schwingung erzeugte. Er bestreute dazu eine Metallplatte mit feinem Sand und strich den Rand mit einem Bogen an. Die feinen Sandkörnchen beginnen auf der stark schwingenden Platte zu hüpfen und es entstehen Muster oder Bilder, die uns in ihren Anordnungsstrukturen stark an Mandalas erinnern. Diese chladnischen Klangfiguren weisen eine große Ähnlichkeit mit Naturformen auf. Sie erinnern uns an Schneekristalle, Bienenwaben, Blätter, Blüten …

Wenn wir eine Klangschale etwa zu zwei Dritteln mit Wasser füllen, können wir ein wunderbares Schwingungsbild beobachten. Damit die Schale besser schwingen kann, stellen wir sie auf einen Gummiring (wie man sie aus der Rhythmik kennt) oder auf ein Sandsäckchen. Wenn wir die Klangschale nun in der gewohnten Weise anschlagen, hören wir nicht nur den Klang, sondern sehen, wie sich die Wasseroberfläche kräuselt. Ein feines Wellenmuster entsteht. Aber wie oft wir den Versuch auch wiederholen: es ist immer ein Achsen-

kreuz oder Quadrat, von dem an vier Punkten ausgehend feine Wellenmuster sichtbar sind. Es ist ein rhythmisches Pulsieren von symmetrischen Figuren. Erst wenn wir die Schwingungsfrequenz ändern, z. B. durch Erzeugen eines Obertons, indem wir das Klangholz am äußeren Schalenrand kreisend reiben, entsteht ein neues Schwingungsbild: Aus dem vorher erzeugten Viereck ist ein Sechseck geworden.

Eine interessante Dokumentation solcher chladnischen Klangfiguren gibt es von Margarete v. Löwensprung: Kymatik – Schwingungsbilder, mit Fotografien von Christa Pilger-Feiler, München 1989 (erhältlich bei: Freies Musikzentrum München e.V.).

Symmetriezeichnen nach Musik

Jede Hand nimmt eine Kreide oder auch einen dicken Farbstift oder einen Graphitblock. Ein Blatt Papier (mind. DIN A 2) wird mit Kreppklebeband am Tisch oder an der Wand befestigt. Davor stehend zeichnen wir den Rhythmus der Musik im Gleichklang beider Hände. Lineare Rhythmogramme entstehen. Je nach Musikstück wechseln gerade und gebogene Linien, lang geschwungene, rhythmische Formen und abgehackte Linien und Zick-Zack. Allmählich werden wir feststellen, dass die Zeichnung nicht mehr aus dem Handgelenk entsteht, sondern die ganze Motorik einschließlich der Atmung beteiligt ist.

Damit der ganze Körper „mitschwingen" kann, ist es besser im Stehen zu arbeiten.

Das Spiel mit der Lemniskate

Es ist ganz einfach: Wir heften ein großes Blatt Papier (mind. DIN A 2) an die Pinnwand oder mit Klebstreifen an die Wand.

Nun zeichnen wir mit Kreidestiften eine liegende Acht (Lemniskate) von unten nach oben und von rechts nach links – nach diesem Schema:

Wenn die Kinder verschiedenfarbige Kreiden benutzen, entsteht eine liegende Acht in den schönsten Regenbogenfarben.

Die Bewegung und Linie wird so oft wiederholt, wie die Kinder Lust dazu haben. Wichtig ist, dass die Bewegung immer von unten nach oben und von rechts nach links führen muss. Man übt zuerst mit der rechten Hand (bei Rechtshändern), dann mit der linken Hand und anschließend beidhändig. Vielleicht wiederholen wir es nochmal mit geschlossenen Augen.

Manchen Kindern mit unterschiedlich gut funktionierenden Gehirnhälften fällt es schwer, die liegende Acht symmetrisch zu malen, so dass der Kreuzungspunkt genau in der Mitte liegt. Aus dem individuellen Bild der liegenden Acht lässt sich die Dominanz einer Gehirnhälfte erkennen. Das Zeichnen der liegenden Acht hilft beide Gehirnhälften zu aktivieren.

Kaleidoskope

Wir alle kennen dieses wunderbare Spiel. Kaleidoskope (das Wort kommt aus dem Griechischen und bedeutet „etwas Schönes sehen") selbst zu basteln ist jedoch etwas Besonderes. Diese einfache Art von Kaleidoskopen zu bauen ist nicht schwierig. Kleineren Kindern muss man eventuell beim Zusammenkleben der Teile etwas helfen.

An Material besorgen wir uns sogenannte Spiegelfolien (diese bekommt man in Dekorationsgeschäften). Außerdem braucht man Karton, Kreppklebeband, Klebstoff und eine Schere.

Aus der Pappe werden drei gleich lange Streifen (etwa 15–20 cm Länge und 3–5 cm Breite) geschnitten. Das sollte man für die Kinder vielleicht vorbereiten. Am besten ist es, man schneidet die Streifen mit dem Teppichmesser oder auf der Papierschneidemaschine. Diese Pappstreifen werden mit Spiegelfolie beklebt und mit einem Kreppklebeband, das außen auf der Pappdeckelseite befestigt wird, zu einem Dreieckprisma zusammengeklebt. Zur Verstärkung kann man am oberen und unteren Rand des Prismas noch einen Streifen quer kleben. Eine Seitenöffnung kann außerdem mit einem dreieckigen Kartonstück, in das mit einem Locher eine Öffnung gestanzt wurde, zugeklebt werden. Das Kaleidoskop ist nun fertig. Wenn wir in das Kaleidoskop hineinsehen, bricht sich das Licht in der Spiegelfolie und erzeugt bunte Spiegelungen unserer Umgebung.

Damit nicht nur der Blick durch das Kaleidoskop schön ist, sondern auch die Kaleidoskope selber hübsch anzusehen sind, bekleben wir sie noch mit farbigen Papieren oder bemalen sie.

Spiegelungen – neue Perspektiven

Mit Spiegelkacheln, wie man sie in Baumärkten bekommt, lassen sich unendlich viele Perspektiven zaubern. Allein schon drei Spiegel im rechten Winkel mit Klebeband aneinander montiert – und wir sehen jeden Gegenstand, den wir in den „Spiegelraum" stellen noch einmal und noch einmal und noch einmal …

Klecksografie

Ein kinderleichtes Spiel und immer wieder faszinierend: Ein Blatt Papier wird in der

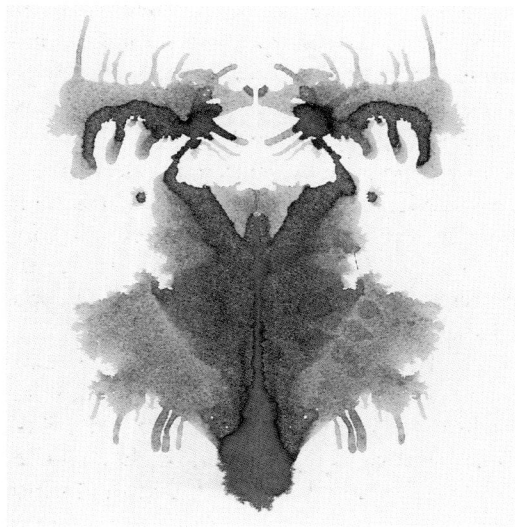

Mitte gefaltet und auf eine Blattseite flüssige Farbe oder Tinte aufgetragen. Durch Zusammenpressen der beiden Blatthälften entstehen reizvolle symmetrische Bilder, die uns zu vielen Assoziationen anregen. Wir entdecken Schmetterlinge, Fratzen, Pfauenfedern, Fabeltiere und vieles mehr.

Schwebende Schmetterlinge

Festes Papier wird in der Mitte gefaltet und auf eine der beiden Seiten ein Schmetterlingsflügel gezeichnet. Die eine Hälfte des Schmetterlings wird ausgeschnitten und die Form mit Bleistift durch Umranden auf die andere Papierseite übertragen, die ebenfalls ausgeschnitten wird. Nun kann der Schmet-

terling mit Buntstiften verziert werden. Zwei Pfennigstücke werden unter die vorderen Spitzen der beiden Flügel geklebt und nun erleben wir staunend, wie unser Schmetterling auf einem Glasrand, auf der der Finger- oder Bleistiftspitze, vielleicht sogar auf unserer Nase balanciert.

Die Sonne „zeichnet" das Unendlichkeitszeichen

Die hier in die Erde gesteckte Latte hat oben ein Loch. Wenn die Sonne scheint, wirft sie einen Schatten mit einem Lichtpunkt. Wenn man die Position dieses Lichtpunktes ein Jahr lang immer wieder z. B. auf einer Steinplatte kennzeichnet, erhält man das Zeichen für „Unendlich".

Scherenschnittsymmetrie

Faltschnitte sind einfach durchzuführen. Man faltet das Papier einmal und schneidet an der gefalzten Kante eine halbe Form aus, die andere Hälfte ergibt sich beim Schneiden. Oder man schneidet aus farbigem Tonpapier am rechten oder linken Rand ein Bildmotiv aus, das dann auf die rechte bzw. linke Seite geklappt wird.

Sehr anregend ist es, mit den Kindern vorher verschiedene Blattformen zu betrachten. Verschiedene Blätter sind faszinierend in ihrer reichen Vielfalt: Es gibt gefiederte, ganzrandige, gezahnte, gefingerte und gelappte Blätter.

Auch die Baumsorten und Sträucher kann man an den Blattformen erkennen: Esche, Walnuss, Brombeere, Rose, Clematis, Kastanie, Ahorn, Feige, Efeu, Eiche, Buche, Linde … – sie alle haben typisch geformte Blätter.

6. Mandalas

Ein Radmandala

Das Rad ist nicht nur Zeichen für Bewegung, sondern auch ein uraltes Mandalazeichen. Die Radnabe im Zentrum ist immer in Ruhestellung.

Ein ungewöhnliches und sehr schönes Radmandala lässt sich aus einer Fahrradfelge und vielen bunten Stoffresten machen. Die Stoffreste schneidet oder reißt man in 3 bis 5 cm breite Streifen. Mit diesen Stoffbändern wird von der Mitte ausgehend gewebt, d.h. die Stoffbänder werden im Auf und Ab der Speichen geflochten. Eine außergewöhnliche Dekoration für Wand oder Decke!

Mandalas aus Steinen, Früchten, Blüten und Herbstblättern

Jeden Herbst freuen wir uns von neuem, wie schön die Blätter doch sind, wenn sie sich bunt verfärben. Flammend rot, braunrot bis zartrosa leuchtet der Wilde Wein, andere Blätter werden gelb, ocker, dunkelgrün oder braun. Sie sind so schön, dass wir möglichst viele davon sammeln. Außerdem Zapfen, Steine, Zweige, Beeren, Blüten, Moos. Je bunter und reichhaltiger unsere Materialsammlung ist, desto prächtiger wird unser Mandala.

Der Platz, auf dem das Mandala ausgelegt wird, muss eine ebene Fläche von mindestens 1 m² sein. Es kann der geglättete Sand im Sandkasten, ein kurzgemähter Rasen, die Walderde oder eine gepflasterte Fläche sein. Ins Zentrum setzen wir einen besonders schönen Findling – einen Stein oder Zapfen, oder auch einen Apfel. Darum herum werden sternförmig, in Strahlen, konzentrischen Kreisen oder auch anderen geometrischen Mustern Blätter, Steine, Moos oder anderes Naturmaterial gelegt.

Das Mandala darf so groß werden, wie der Platz und unser Material ausreichen. Wichtig ist, dass wir bei aller Formen- und Farbenvielfalt die Komposition um das Zentrum aufbauen.

Ein Mandala in den Sand malen

In feinen, weichen Sand etwas zu „zeichnen" macht allen Spaß – Kindern wie Erwachsenen. Aus der Indianerkultur ist bekannt, dass es ein Sandritual gab, wobei Bilder und Symbole in den Sand geritzt wurden.

Das Spiel im feinen, weichen Sand hat ausgesprochen beruhigenden und heilenden Charakter. (In dem Buch von Marielle Seitz, Schreib es in den Sand, München: Don Bosco 1996, wird diese Methode sehr anschaulich mit vielen Bildbeispielen beschrieben.)

Unsere Hände formen „Mandalabilder" im Sand. Nicht nur die Kreativität wird dabei gefördert – auch Feinmotorik und Bewegungskonzentration werden beim Malen im Sand spielerisch verbessert.

Bunte Mandalas auf Kleisterpapier

Die Technik ist kinderleicht – und man entspannt sich dabei. Die Papiere vorzubereiten macht schon Spaß: Festes Papier (Zeichenblock, Tapetenreste oder die Rückseiten von Plakaten) wird mit Kleisterfarbe erst grundiert. Am besten geht das mit breiten Leimpinseln, die es für wenig Geld in Baumärkten zu kaufen gibt. (Der Tapetenkleister wird einige Stunden vorher angerührt, damit er gut durchzieht und keine Klumpen macht.) Zuerst werden die Papiere dick mit dem Tapetenkleister eingestrichen, die zweite Schicht

auf dem feuchten Kleister bildet dann eine nicht zu dünnflüssige Farbe (Fingerfarbe, Schultemperafarbe etc.). Dann lässt sich herrlich mit den Fingern oder dem Pinselstiel in den Kleistergrund zeichnen. Dabei taucht der weiße Papieruntergrund wieder auf.

Für die Gestaltung dieses „Kleisterpapiers"sind unzählige Variationen möglich. Aus einem Kartonstreifen kann man z. B. gezahnte Kämme schneiden, damit lässt sich raffiniert zeichnen – Wellenmuster und Zick-Zack-Formen entstehen.

Beim Ausprobieren und Experimentieren kamen wir immer wieder auf Muster, die uns an Mandalas erinnern. Diese Formen wirken beruhigend auf uns; daher ist diese Technik bei nervösen und verspannten Kindern besonders zu empfehlen.

Mandalablüten aus Ton

Ein Klumpen Ton wird zu einer Kugel geformt und mit dem Handballen flach gedrückt. So erhält man eine flache, runde Scheibe. In die Mitte kommt die Mandalablüte. Hierfür rollen wir Tonkügelchen aus, die wir zwischen den Fingern flach drücken und mit Tonschlicker (mit Wasser vermischter Ton) als „Blütenblätter" rund um das Zentrum zu einer Blüte, die sich öffnet, kleben. Auch den Rand der Scheibe können wir noch mit aufgelegten Ornamenten aus Tonwülsten verzieren (s. Foto S. 52).

Rosetten aus Papier und Wachs

Wir basteln uns Blumen, die nie verblühen und die wir aus rosettenartigen Blättern gestalten: Aus Zeichenblockpapier schneiden wir einen Kreis aus, den wir uns mit dem Zirkel vorher aufzeichnen. Der Mittelpunkt wird mit einem Bleistift markiert. Mit Malkastenfarben werden um den Mittelpunkt konzentrische Kreise gemalt (auf Vorder- und Rückseite). Gelb, Orange, Rot, Violett und Rosa wechseln sich ab. Die bunt bemalte Papierscheibe wird jetzt in der Mitte gefaltet. Man wiederholt dies noch zweimal, bis man einen Achtelkreis hat. Nun wird der Kreis in Rundungen oder Zacken eingeschnitten. Aber nicht zu weit – in der Mitte muss ein 3 bis 5 cm großer Kreis bleiben. Jetzt wird der bunte Blumenteller mit einem Reißnagel auf einen Rundstab, der vorher grün bemalt wurde, gedrückt.

Im Wasserbad werden in einer alten Blechdose weiße Kerzenreste geschmolzen. In das flüssige, heiße Wachs werden die Blumen kurz getaucht. Das macht am besten ein Erwachsener für die Kinder. Nach dem Eintauchen lässt man die Blüten für ein paar Minuten kopfüber an der Luft erstarren.

Aus Papier schneiden wir noch Blätter, die wir grün bemalen. Auch sie werden ins heiße Wachs getaucht. Damit wir die Blätter an den Stab kleben können, muss das Ende, an dem man das Blatt beim Eintauchen festhält, wachsfrei bleiben.

In ein kleines Blumentöpfchen gießen wir Gips und stecken kurz vor dem Erstarren der Gipsmasse die Blume in den Topf. Anschließend füllen wir den Topf mit Sand und Steinchen auf und freuen uns an den immerbunt blühenden Blumen.

Ein Mandala zum Projizieren

Dazu braucht man nicht viel: Glasmalfarbe, Wattestäbchen oder feine Pinsel und Diadeckgläser (das sind Diagläser im Format 5 × 5 cm – sollten Sie diese Diadeckgläser im Fachhandel nicht bekommen, können Sie auch normale Diagläser mit Rahmen verwenden; bei ihnen ist das Bild dann etwas kleiner).

Auf diesen kleinen Diagläsern lassen sich mit den Spezialfarben (Glühlampenlack, Glasmalfarben oder Tauchlack), die mit Wattestäbchen oder Pinsel aufgetragen werden, herrliche Mandalas gestalten, die dann riesengroß an die Wand projiziert werden können. Am besten nimmt man einen alten Diaprojektor mit einem Schlitten, den man von Hand hin- und herschieben kann.

Phantastische Bilder entstehen, die ihren Reiz erst beim Vergrößern an der Wand offenbaren.

7. Urformen erleben: Der „Mandalatag"
Ein Beispiel für den gestalterischen Umgang mit Urformen
(Rudolf Seitz)

In München gibt es einen sehr lebendigen Arbeitskreis von ausländischen und deutschen Erzieherinnen. Über Jahre hinweg habe ich einmal im Jahr mit diesem Arbeitskreis gearbeitet. Neben vielen didaktischen Fragestellungen, die sich aus der ästhetischen Erziehung im Elementarbereich ergaben, beschäftigten wir uns auch immer wieder mit den „endogenen Bildmustern" (das sind angeborene Bildmuster – so benennt sie eine Theorie u.a. von Eichmeier und Höfer), wie sie in Kinderzeichnungen, aber auch innerhalb der Kulturgeschichte auftauchen. So gab es einmal auch einen Tag der Labyrinthe und Spiralen.

Der hier geschilderte Tag, den die Fotos auf S. 106/107 anschaulich dokumentieren, fand in Achatswies statt, einem sehr angenehmen Schulungs- und Fortbildungshaus der Stadt München, in der Nähe des Schliersees im Voralpenland.

Der Formenkanon

Mit Kinderzeichnungen hatte sich der Arbeitskreis schon unter verschiedensten Gesichtspunkten befasst. Diesmal stand deren Formenkanon im Vordergrund. Er wurde analysiert und die einzelnen Formen aufgelistet, die das Kind in seiner Bildsprache „äußert", d.h. von innen nach außen bringt. So entstand ein Index mit diesen geometrischen Urformen, also Kreis, Kreuz, Stern, Dreieck, Viereck, Oval, Spirale und Mischformen.

Da diese Bildzeichen in jedem von uns vorhanden sind, ergab sich daraus eine fast meditative Aufgabe, nämlich bis zu diesen „Formenden" (Paul Klee) zurückzutauchen und sie ans Tageslicht zu heben und mit Pinsel und Farbe zu benennen. Es entstanden sehr schöne Blätter mit diesen Bildzeichen, sehr intensiv und konzentriert. Sie bildeten den Ausgangspunkt für einen theoretisch zwar ungefähr geplanten, in der Durchführung aber dann ausgesprochen konsequenten Tagesablauf, in dem sich der nächste Schritt immer geradezu wie von selbst aus dem vorhergehenden entwickelte.

Zusammenfügen der Bildzeichen

Während auf den ersten Blättern die Zeichen noch isoliert Gestalt annahmen, war die nächste Stufe nur folgerichtig: Die Zeichen wurden jetzt zu Zeichengebilden zusammengefügt, die die Teilnehmerinnen mit Tafelkreiden auf ihre Tische zeichneten. Eine Kollegin hatte Gläser mit edlen Steinen und Schnecken und Muscheln mitgebracht, mit denen die Zeichen akzentuiert werden konnten. Es entstanden einfache Mandalafigurationen.

Manche Kolleginnen setzten die Steine sehr bewusst und bedacht ein, indem sie Strahlungen und Temperaturimpulse der Steine beachteten. Andere wählten den mehr dekorativen Wert nach ästhetischen Gesichtspunkten.

Große Bildgefüge

Um das Bildungshaus sind einige asphaltierte Parkplätze mit entsprechenden Zufahrtsstraßen gruppiert. An diesem Tag waren sie zufällig leer. Die Teilnehmerinnen äußerten den Wunsch, ihre Erfahrungen, die sie beim Zeichnen auf den Tischen gemacht hatten, weiter auszubauen und große Formengefüge mit Kreide auf den Asphalt zu zeichnen.

Manche begannen mit Einzelzeichen wie etwa Spiralen und „liefen" hinein und ließen sich „heraustreiben". Durch die Größe waren die Gebilde unvermittelt in ein spürbares Verhältnis zum eigenen Körper geraten. Sie wurden immer reicher und im Grund wertvoller. Überall waren Begeisterung und kontemplatives Abwägen und Überlegen zu beobachten.

Sandmandalas: Gruppenarbeit

Nachmittags trafen wir uns auf einer nahe gelegenen Waldlichtung. Wir hatten wir feinen farbigen Sand mitgebracht, der mit wasserlöslichen Holzbeizen in Pulverform gefärbt worden war. Es fanden sich Gruppen von drei bis sieben Teilnehmerinnen zusammen, die miteinander ein Mandala gestalten wollten.

Zunächst wurde die Form des Mandalas beraten. Als man sich geeinigt hatte, begann die Konstruktion. Mit Ästen und Schnüren wurden auf dem Waldboden Kreise und Linien gezogen, bis schließlich die Hauptform des Mandalas festgelegt war.

Nun stand die Farbauswahl an. Durchsichtige Plastikbecher wurden mit dem farbigen Sand gefüllt. Durch ein entsprechendes Gruppieren der Becher konnten so Farbklänge zusammengesucht werden. Die konzentrierteste und meditativste Arbeit war nun das Schütten der Linien und Flächen. Es war, so versicherten alle, ein völlig neuer Umgang mit Farbe, der mit keiner bisherigen Erfahrung zu vergleichen war.

Während der Arbeit war es, trotz der vielen Teilnehmerinnen, völlig still. Die Mandalas wurden immer differenzierter – mit vielen Einzelerfindungen (Kieselsteine, Blätter, Zweige etc.), die – ähnlich wie am Vormittag die edlen Steine – Akzente setzten.

Betrachten der Mandalas

Ohne jede Aufforderung saßen die Teilneh-merinnen still um ihre Mandalas und be-trachteten sie lange und intensiv, stolz und nachdenklich. Es herrschte eine zufriedene Ruhe, die möglicherweise dadurch entstan-den war, dass in diesem Fall die Bildzeichen, die man in sich trägt und die die Erzieherin-nen hier dargestellt hatten, eine sehr große Identität aufwiesen. Sie hatten dieselbe Wel-lenlänge. Nach einiger Zeit hörte man Gruppen leise summen und singen. Einige Teilnehmerinnen standen auf und tanzten um ihre Gebilde.

Rückkehr

Damit war nach dem „Stundenplan“ der Tag an sich zu Ende. Wir gingen langsam zum Haus zurück. Manche sahen sich oft um. Es wurde nicht gesprochen. Die Stimmung war heiter. Alle waren zugleich etwas müde, hat-te man doch einen sehr angefüllten Tag hin-ter sich.

Die Mandalas wirken weiter

Zum Haus zurückgekehrt entwickelte sich dort eine ganz neue Dynamik. Einige ver-suchten in der frisch gemähten Wiese mit ih-rem Körper eine Spirale zu bilden. Immer mehr Teilnehmerinnen stießen dazu. Inner-halb der nächsten Dreiviertelstunde entstan-den wunderschöne Mandalas auf der Wiese. Die Teilnehmerinnen lagen oder standen und organisierten dabei sehr komplizierte Gebilde. Alles verlief sehr leise. Erst das längst überfällige Abendessen beendete schließlich diesen Mandalatag, der sich wie von selbst zu einer intensiven und meditati-ven und geradezu organischen Einheit ent-wickelt hatte, die lange nachhallte.

Eindrücke der Beteiligten

Die Kolleginnen hatten das Bedürfnis, etwas über den Tag aufzuschreiben. Hier einige Beispiele:

Mandala –
das Wort schmilzt wie
Schokolade auf der Zunge,
voll und rund.
Zeichen, in denen wir uns
und die wir in uns wiederfinden.
Tiefe Vergangenheit trifft auf
ferne Zukunft, auf den Anfang
und das Ende.
Alles ist Harmonie, alles ist Einheit,
alles ist gut.   (Angelika)

Viele Ecken, aber auch abgerundet, weich.
Habe ich es alles geschaffen
oder hat mir jemand geholfen?
Ich weiß es nicht.

(Original in Italienisch)

Für mich war es das schönste Erlebnis,
das ich bis jetzt gehabt habe.
Es ist ein unbeschreibliches Gefühl.
Man ist frei von allen anderen
Gedanken …   (Mine)

Während ich ein Mandala zeichnete, habe
ich mich gut gefühlt.
Ich habe weder etwas gehört noch gesehen.
Nur „ich" und mein Mandala.
Ich wünschte, die Zeit würde nicht so schnell
zu Ende sein. Ich habe alle meine Probleme
hinter mir gelassen. Ich war so glücklich.
                                        (Türkmen)

Sand rinnt farbig zur Erde zurück
verschwendet sich –
dunkles Indigo, zartes Rosa,
strahlendes Türkis –
Atemzug –
flüchtig –
gebannt durch den Augenblick –
aufgelöst
durch den nächsten Regen –
nur die Zauberkugel auf dem dunklen
Waldboden bleibt zurück –
magisch funkelnd
im Licht- und Schattenspiel
der Blätter   (Doris)

Von mir – aus mir – für mich
mit anderen zusammen – geht das?
Soll ich? Ich möchte, es geht
und es macht Spaß.   (M.)

Mandala – Luxus für die Seele
die feuchte Kühle des Mooses fühlen
die feinen Rippen der Blätter spüren
die harte schuppige Oberfläche der
Tannenzapfen
hinterlässt Abdrücke in meiner Hand
das leise Rauschen der Blätter
auf dem dunklen Waldboden helle Muster
aus Sonnenflecken

– In der Menge – und doch innerlich
eine ersehnte Einsamkeit
nur denken, was mich froh macht
verwundert immer wieder neue
Kombinationen von Mustern und
Farben sehen
eine Melodie summen

Zwei Wünsche
nicht angesprochen werden
die Zeit anhalten   (G.)

– Zusammen –
Gemeinschaft
„!Kraft!"
FELD + FRIEDEN
gebunden – geschlossen
gefunden – entschlossen
ZEIT + ZEICHEN
Verweilen
FORM + FARBE
INNEN AUSSEN
        RUHE
SONNE HIMMEL   (C. M.)

Ich wollte schon immer
einen eigenen magischen Ort

Ich wollte schon immer
einen eigenen heiligen Ort

Ich wollte schon immer
ein Druide sein

In jedem Mandala ist
mein magischer Ort
mein heiliger Ort

Ich gestalte mein Mandala
Ich bin ein Druide   (G.)

Ich lasse mich ein auf:
neues Gestaltungsmaterial,
auf farbigen Sand, bunte Steine, Muscheln,
auf Formen,
die förm–lich in mich hineinwandern.
Aus mir kommt Überraschendes:
Ruhe, neue Kraft und viele neue Ideen:
für unseren Raum im Kindergarten,
für die Arbeit, für mich –
welche Überraschung!   (N.)

Literaturverzeichnis

Zur Urformensprache allgemein

Omraam Mikhael Aivanhov, Die geometrischen Figuren und ihre Sprache, Prosveta Verlag 1989

Ruth Ammann, Heilende Bilder der Seele, München: Kösel 1989

Rudolf Arnheim, Kunst und Sehen, Berlin-New York: de Gruyter 1978

Wolfgang Bauer u. a., Lexikon der Symbole, Wiesbaden: Fourier 1980

Otto Betz, Elementare Symbole, Freiburg: Herder 1992

Otto Betz, In geheimnisvoller Ordnung, München: Kösel 1992

Hans Biedermann, Bildsymbole der Vorzeit, Graz: Verlag für Sammler 1977

Hans Biedermann, Lexikon der Felsbildkunst, Graz: Verlag für Sammler 1976

Karl Bloßfeldt, Photographien, München: Schirmer / Mosel 1991

Karl Bloßfeldt, Urformen der Kunst. Wundergarten der Natur, München: Schirmer / Mosel 1994

Barbara Blum-Heisenberg, Die Symbolik des Wassers, München: Kösel 1988

Wilhelm Boeck, Picasso, Stuttgart: Kohlhammer 1955

Martin Brauen, Das Mandala, Köln: DuMont 1992

Karl Bühler, Ausdruckstheorie, Jena 1933

Rüdiger Dahlke, Mandalas der Welt, München: Heyne 1985

Joseph Eichmeier / Oskar Höfer, Endogene Bildmuster, München-Berlin-Wien: Urban & Schwarzenberg 1974

Heinz Friedrich, Kulturverfall und Umweltkrise, München: dtv 1982

Johannes Frischknecht, Mandalas, Oberegg: Noah-Verlag 1992

Adrian Frutiger, Der Mensch und seine Zeichen, Wiesbaden: Fourier, 2. Aufl. 1989

Gewerbemuseum und Museum für Gestaltung Basel, Spirale – Wunder der Welt, Ausstellungskatalog 1985

Ernst Hans Gombrich, Geschichte der Kunst, Berlin-Köln: Kiepenheuer & Witsch 1953

Herder Lexikon Symbole, Freiburg: Herder 1978

Hildegard von Bingen, Die Kraft der Edelsteine, Augsburg: Pattloch 1990

Jolande Jacobi, Vom Bilderreich der Seele, Olten: Walter 1969

C. G. Jung, Der Mensch und seine Symbole, Zürich: Buchclub Ex Libris 1968

C. G. Jung, Gesammelt Werke. Band 6: Psychologische Typen, Olten: Walter 1986

C. G. Jung, Mandala, Solothurn und Düsseldorf: Walter 1993

Wassily Kandinsky, Punkt und Linie zu Fläche, Bern-Bumpliz: Benteli 1973

Wassily Kandinsky, Über das Geistige in der Kunst, Bern-Bumpliz: Benteli 1956

Hermann Kern, Labyrinthe. Erscheinungsformen und Deutungen. 5000 Jahre Gegenwart eines Urbilds, München: Prestel 1995

Paul Klee, Beiträge zur bildnerischen Formenlehre, hrsg. v. Jürgen Glaesemer, Basel-Stuttgart: Schwabe & Co. 1979

Paul Klee, Tagebücher 1898–1912, hrsg. v. Felix Klee, Köln: DuMont 1979

Marie E. P. König, Am Anfang der Kultur, Berlin: Gebr. Mann Verlag, 4. Aufl. 1996

Ernst Michael Kranich, Die Formensprache der Pflanze, Stuttgart: Verlag Freies Geistesleben 1979

Hugo Kükelhaus, Dennoch heute, Zürich: Annemarie Weber, 3. Aufl. 1994

Hugo Kükelhaus, Entfaltung der Sinne. Erlebnisse mit dem Erfahrungsfeld, Frankfurt/M.: Fischer, 12. Aufl. 1996

Hugo Kükelhaus, Fassen-Fühlen-Bilden, Köln: Gaia Verlag, 6. Aufl. 1995

Hugo Kükelhaus, Hören und Sehen in Tätigkeit, Zug: Klett & Balmer 1978

Hugo Kükelhaus, Mit den Sinnen leben, Oldenburg: Transform Verlag 1993

Hugo Kükelhaus, Organ und Bewusstsein, Köln: Gaia Verlag, 3. Aufl. 1987

Hugo Kükelhaus, Urzahl und Gebärde, Zug: Klett & Balmer, 3. Aufl. 1980

Christian Larsen, Die zwölf Grade der Freiheit. Spiraldynamik, Petersberg: Via Nova 1997

Margarete v. Löwensprung: Kymatik – Schwingungsbilder, mit Fotografien von Christa Pilger-Feiler, München 1989

Sig Lonegren, Labyrinthe, Frankfurt/M.: Zweitausendeins 1993

Manfred Lurker, Die Botschaft der Symbole, München: Kösel 1990

Margret S. Mahler, Die psychische Geburt des Menschen. Symbiose und Individuation, Frankfurt/M.: Fischer, 13. Aufl. 1996

Jutta Müller-Karch / Berndt Heydemann, Elementare Kunst in der Natur, Neumünster: Karl Wachholtz Verlag 1989

Nigel Pennick, Das Geheimnis der Labyrinthe, München: Goldmann 1992

Tilman Osterwold, Paul Klee – Ein Kind träumt sich, Stuttgart: Hatje 1979

Jill Purce, Die Spirale, München: Kösel 1988

Ingrid Riedel, Formen, Stuttgart: Kreuz Verlag 1985

Alfons Rosenberg, Ursymbole und ihre Wandlung, Freiburg: Herder 1992

Otto Schärli, Werkstatt des Lebens. Durch die Sinne zum Sinn, Aarau: AT Verlag, 2. Aufl. 1991

Wulf Schiefenhövel, Die Eipo-Leute des Berglandes von Indonesisch Neu Guinea, in: Homo 26/4 (1976)

Gertraud Schottenloher, Kunst- und Gestaltungstherapie, München: Kösel 1992

Theodor Schwenk, Das sensible Chaos, Stuttgart: Verlag Freies Geistesleben 1991

Symbole der Kulturen. Mandala, München: ars edition 1996

Dora Vallier, L'intérieur de l'art. Unterhaltungen mit Braque, Léger, Villon, Miró, Brancusi, veröffentlicht zu deren Lebzeiten in der Zeitschrift Cahiers d'Art, Paris 1982, 1986.

Siegfried Wachtel / Andrej Jendrusch, Der Linksdrall in der Natur, München: dtv 1994

Wolfgang Wimmenauer, Zwischen Feuer und Wasser, Stuttgart: Urachhaus 1992

Walter Zürcher, Der Puls der Dinge, Freiburg: Bauer 1993

Zur Bildsprache des Kindes

Helen Bachmann, Malen als Lebensspur. Die Entwicklung kreativer bildlicher Darstellung. Ein Vergleich mit den frühkindlichen Loslösungs- und Individuationsprozessen, Stuttgart: Klett-Cotta 1993

Hans Daucher (Hrsg.), Kinder denken in Bildern, München: Piper 1990

Bettina Egger, Bilder verstehen, Bern: Zytglogge 1991

Jonathan Fineberg (Hrsg.), Kinderzeichnung und die Kunst des 20. Jahrhunderts, Stuttgart: Hatje 1995

Rose Fleck-Bangert, Kinder setzen Zeichen, München: Kösel 1994

Wolfgang Grözinger, Kinder kritzeln, zeichnen, malen, München: Prestel 1966

Max Kläger, Phänomen Kinderzeichnung, Baltmannsweiler: Pädagogischer Verlag Burgbücherei Schneider 1990

Lenbachhaus München, Mit dem Auge des Kindes, Ausstellungskatalog, Stuttgart: Hatje 1995

Martin Schuster, Kinderzeichnungen, Berlin-Heidelberg: Springer 1994

Rudolf Seitz, Ich mach dich fröhlich. Kinder zeichnen, wie sie helfen können, München: Kösel 1984

Rudolf Seitz, Was hast du denn da gemalt? München: Don Bosco 1995

Michaela Strauss, Von der Zeichensprache des kleinen Kindes, Stuttgart: Verlag Freies Geistesleben 1983

Daniel Wildlöcher, Was eine Kinderzeichnung verrät, München: Kindler 1974

Für die praktische Arbeit

Andy Goldsworthy, Frankfurt/M.: Zweitausendeins 1991

Dorothée Kreusch-Jacob, Mandala-Musik. CD und kleines Malbuch, Freiburg: Bauer 1997

Wolfgang Löscher (Hrsg.), Vom Sinn der Sinne, München: Don Bosco, 2. Aufl. 1996

Cordula M. Pertler, Kinder erleben große Maler, München: Don Bosco, 2. Aufl. 1996

Marielle Seitz, Schreib es in den Sand, München: Don Bosco 1996

Rudolf Seitz, Kinderatelier, Ravensburg: Otto Maier 1989

Rudolf Seitz, Kunst in der Kniebeuge, München: Don Bosco, 9. Aufl. 1997

Rudolf Seitz, Zeichnen und Malen mit Kindern, München: Don Bosco, 7. Aufl. 1995

Susanne Stöcklin-Meier, Kinder brauchen Geheimnisse, München: Kösel, 2. Aufl. 1996

Lore Thier-Schroeter / Renate Diedrich, Kinder wollen bauen, München: Don Bosco 1995

Gisela Walter, Die Elemente im Kindergartenalltag, Freiburg: Herder 1993

Bildnachweis

Die Fotoaufnahmen wurden uns freundlicherweise zur Verfügung gestellt von:

Christa Pilger-Feiler: S. 31, S. 32, S. 40, S. 52 (Nr. 1, 5, 6), S. 53, (Nr. 2 u. 4), S. 54, S. 56 (Nr. 1), S. 57 (Nr. 1), S. 60, S. 72, S. 73, S. 82, S. 95, S. 99, S. 103

Marielle Seitz: S. 12, S. 56 (Nr. 3), S. 98 (Nr. 1 u. 2)

Rudolf Seitz: S. 10, S. 13, S. 14, S. 16, S. 34, S. 38, S. 39, S. 42, S. 49, S. 52 (Nr. 2, 3, 4), S. 53 (Nr. 1 u. 3), S. 56 (Nr. 2), S. 57 (Nr. 2–6), S. 98 (Nr. 3–6), S. 106, S. 107

Ursula Diebel: S. 92

Ullstein Bilderdienst: S. 29

Astronomisches Institut der Universität Basel: S. 30

Adressen und Bezugsquellen

Das Erfahrungsfeld der Sinne

Schloss Freudenberg
D-65201 Wiesbaden

Unter dem Titel „Natur und Kunst" haben sich auf dem Schloss Freudenberg Künstler, Pädagogen und Handwerker vereint, um eine bleibende Stätte der Wahrnehmung zu realisieren.
Für die Besucher (man kann dort auch Führungen für Gruppen und Schulklassen anmelden) wurde ein „Erfahrungsfeld zur Entfaltung der Sinne" aufgebaut. Das Erfahrungsfeld ist so angelegt, dass es Kindern ab etwa drei Jahren, aber auch Erwachsenen überraschende und interessante Zugänge bietet.

Nähere Informationen über die Ausstellung „Erfahrungsfeld zur Entfaltung der Sinne" bekommt man über die
Gemeinnützige Forschungs- und
Bildungsgesellschaft m.B.H.
Sybelstraße 1a
40239 Düsseldorf

Dusyma

Haubersbronner Str. 40,
D-73614 Schorndorf
Hier gibt es u.a. Klangschalen, Klangkugeln und Spiegelspiele (z.B. Tetraedro-Spiegelzelt), eine Farb-Erlebnispyramide, Montessori-Sinnesmaterial, Fröbel-Baukästen und Fröbel-Material.
Spielmaterial von Marielle Seitz (Sandwanne und spielerisches Zubehör, Sand- und Ornamentscheibenspiel, große geometrische Tastplatten, Balance-Labyrinthe, Kugelkasten, Zauberschnecke, Rainmaker zum Selbermachen) ist ebenfalls über Dusyma erhältlich.

Walter Kraul

D-82057 Icking
Hier findet man insbesondere Spielzeug zum Experimentieren (etwa mit Licht und Farben, Licht und Dunkelheit, mit magnetischen Kräften). Für ältere Kinder ab ca. 14 Jahren gibt es einen hervorragenden Experimentierkasten, mit dem die sog. platonischen Körper (Tetraeder, Würfel, Oktaeder, Dodekaeder und Isokaeder) zusammengefügt werden können. Für Kinder ab ca. 10 Jahren gibt es einen sehr schönen Geometriekasten, der aus vielen Dreiecksformen besteht.

Naef Collection

Grendelweg 5, CH-4314 Zeiningen
Hat u.a. Klangspiele, Sandpendel, schöne
Kaleidoskope und reizvolle Fließspiele und
Labyrinthspiele im Programm. Interessante
Spiele mit geometrischen Grundformen sind
z.B. Pyrami, Angular, Mosaik, Bauhaus-
Bauspiel, Circolo, Hexagramm, Carree,
Tria, Cubicus, Cella, Diamant, Isoma.

Nienhuis

Industriepark 14, NL-7021 Zelhem
Von Nienhuis erhält man Montessori-Mate-
rial, das Teil der vorbereiteten Umgebung in
Montessori-Einrichtungen ist, aber zunehmend auch in vielen anderen Kindergärten
und Schulen Verwendung findet.

Richter Spielgeräte

Simsseestr. 29, D-83112 Frasdorf,
Fax 08052/4810
Qualitativ hochwertige Spielgeräte, vor al-
lem aus Holz, und Geräte für Außenanlagen
wie Spielstraßen, Spielstationen, Aktivspiel-
plätze, Kinderhäuser und Spielplätze, z.B.
Pyramidentürme (für Raumgefühl und
Klettererfahrung), Wendelrutschen und
Seilbrücken, Wasserbaustellen, Archimedi-
sche Schraubspiralen für Wasserspiele. Dreh-
labyrinthe; viele interessante Spielgeräte für
Balanceübungen, z.B. Wiegende Gräser,
Wipper, Wackelbalken, Hüpfblume, Kreuz-
waage, Balanceklötze, Bogenbrücke u.v.m.

Spielstationen (nach Hugo Kükelhaus) zur
Entfaltung der Sinne von der Fa. Graubner
Spielgeräte sind ebenfalls über Richter Spiel-
geräte erhältlich.

Treibholz

Planetenstr. 1, D-40223 Düsseldorf
Führt eine ausgesprochen hochwertige und
ästhetische Waage für Kinder, außerdem
Mandala-Spiele, Klangspiele, Qi-Gong-Kugeln, Klangschalen und Rainmaker.

Wehrfritz

August-Grosch-Str. 28–38,
D-96473 Rodach
Wehrfritz bietet ein schönes Sortiment
Spielwände mit geometrischen Grundformen an, zum Nachvollziehen und Begreifen
der Grundformen Dreieck, Kreis und Quadrat. Außerdem gibt es geometrische Lege-
spiele und Spiegelspielgeräte (wie Spiegelku-
geln, Klappspiegel und Spiegelhaus).

(Direkt bestellt werden kann bei Richter,
Nienhuis, Wehrfritz und Dusyma. Die
Spielgeräte aller anderen Firmen können
über den Einzelhandel oder über Dusyma
und Wehrfritz bezogen werden, zur näheren
Information können aber Prospekte bei der
jeweiligen Firma angefordert werden.)

Spielend Kreativität entdecken

Marielle Seitz
Schreib es in den Sand
Spielerisches Zeichnen zur Förderung von Konzentration, Feinmotorik und Bewegungskoordination

Spielen im Sand und das Zeichnen von Formen fasziniert und begeistert Kinder aller Altersstufen. Das Spiel mit dem Sand bereitet aber nicht nur Freude, sondern hat auch eine ausgeprägt heilende und beruhigende Wirkung. Die vielen, in Text und Bild ausführlich beschriebenen Praxisbeispiele zum freien und angeleiteten Formenzeichnen im Sand veranschaulichen die diesem „gemahlenen Uraltgestein" eigene Vielseitigkeit und machen Lust, es selber auszuprobieren.

80 Seiten, zahlr. teils farbige Fotos und Zeichnungen, kartoniert
ISBN 3-7698-0895-9

Phantasie und Kreativität
Ein Spiel-, Nachdenk- und Anregungsbuch von Rudolf Seitz

Kann man Kreativität eigentlich lernen? – Der bekannte Kunstpädagoge Rudolf Seitz legt hier die Summe seiner Erfahrungen vor: eine vielgestaltige Einladung an alle, den Mut zu haben, Phantasie und Kreativität bei sich und anderen zu entdecken und die schöpferischen Fähigkeiten zu fördern. Denn nur phantasievolle und kreative Menschen sind auch innovativ genug, um die Probleme der Zukunft zu lösen.

160 S., Zeichnungen und farbige Fotos, kartoniert
ISBN 3-7698-1047-3